Weihnachten mit Muckerl

von
Marianne Bruning

Zeichnungen
von
Renate Sajewka

SCHNELL

SCHNELL Buch & Druck
Warendorfer Lieblingsbücher

Impressum:
Weihnachten mit Muckerl
Marianne Bruning
Zeichnungen: Renate Sajewka

Oststraße 24, 48231 Warendorf
Herstellung: SCHNELL Buch & Druck GmbH
Katzheide 2, 48321 Warendorf

Warendorf 2000
ISBN: 3-87716-809-4

Inhalt

Liebe Märchenfreundin,
lieber Märchenfreund,

Ich möchte Sie einladen zu einer Märchenreise
durch das Land der Gewürze.

Während des Studiums von Weihnachtsrezepten kam mir der
Gedanke, mich mit den Zutaten und
den Gewürzen einmal näher zu befassen.

Die Geschichte der Gewürze und Kräuter ist
geheimnisvoll und führt zurück zu den ältesten Zivilisationen.
Gewürze haben einen Hauch von Legende.

Und Legenden, alte Sagen, mündliche
Überlieferungen und was uns die Bibel lehrt über Bäume,
Kräuter, Pflanzen und Gewürze habe ich
für diese Geschichte verwendet.
So entstand das Märchen „Weihnachten mit Muckerl“.

Und nun wünsche ich Ihnen stimmungsvolle Märchenstunden,

Marianne Bruning

Traumulus

Die Küchentür stand ein wenig offen und der über dem Tisch hängende Adventskranz schwang in einem leichten Lüftchen hin und her. Die zweite Kerze brannte schon und das goldfarbene Band glitzerte im Spiel von Wind und Schatten.
Auf der Fensterbank stand ein Vogel aus Porzellan. Wenn man den Vogel aufzog, sang er wie eine Nachtigall. Dabei bewegte er den Schweif auf und nieder.
Früher baute eine Nachtigall ihr kunstvoll geflochtenes Nest im tiefen Gestrüpp des Rotdornbusches, der unter dem Küchenfenster wuchs. Als der Hauseigentümer die Hecke entfernte, gab es keinen Lebensraum mehr für sie. Deshalb flog die Nachtigall fort. Weil Natalie sehr traurig war, erhielt sie diesen Porzellanvogel von Muckerl, der eigentlich Nepomuk hieß. Ja, niemals überkam sie die Trauer so stark wie jetzt in der Adventszeit. Und sie dachte an Babuschka. So nannte Muckerl seine Großmutter. Mit besonderer Wehmut im Herzen lebten ihre Gedanken wieder auf. Ganz deutlich hörte sie die leise Stimme von Babuschka. „Jedesmal, wenn ein Kind stirbt, kommt ein Engel Gottes zur Erde nieder. Leider glauben die Menschen nicht mehr daran, daß es Engel gibt. Vielleicht im Traum oder im Todesschmerz oder in höchster Glückseligkeit. Es ist, als ob sie vergessen hätten, daß die Engel immer unter ihnen einhergehen. Woran mag das liegen?“
„Ich weiß es nicht“, sagte Natalie, die mit großer Spannung zuhörte.
„Vielleicht liegt es an der Hektik.“ „Schon in der Bibel steht geschrieben: Siehe, ich sende einen Engel vor dir her, der dich behüte auf dem Wege und dich bringe an den Ort, den ich bestimmt habe.“ (2. Mose 23:20)
„Warum haben die Menschen die Engel vergessen? Sie kommen in vielerlei Gestalt zu ihnen und offenbaren ihre Gegenwart allen, deren Augen für die Gaben der Liebe und der Gastfreundschaft offengeblieben sind. Bald geht ein Engel daher in Gestalt eines

Kinderlächelns oder in dem Lied einer Nachtigall oder als Erinnerung an genossenes Glück. Die Erinnerung und die Hoffnung sind ihre schimmernden Boten. Wessen Hoffnung aber zu erlöschen droht, dem erscheinen sie in der Stunde ihrer tiefsten Trauer. Ja, jedesmal, wenn ein Kind stirbt, kommt ein Engel Gottes zur Erde nieder, nimmt das tote Kind auf seine Arme, breitet die großen, weißen Flügel aus und fliegt mit ihm durch die Feengärten mit den schönsten Blumen und Kräutern."

Babuschka wußte, wovon sie sprach, denn am Neujahrsmorgen war Muckerl gestorben.

Natalie setzte sich ans Fenster und ließ ihre Blicke schweifen, weit fort über Raum und Zeit. Sie träumte zurück in längst vergangene Tage, in welchen sie mit Muckerl im Walde emsig nach Beeren und Pilzen suchte. Und sie dachte an die Winterabende in der kleinen Waldhütte. Abends saßen sie vor dem knisternden Feuer des Ofens. Die glühenden Holzscheite warfen einen lichten Schein an die Wand. Während der Wind durch die Ritzen der Fensterläden pfiff, knabberten sie beim Lauschen der Märchen Lebkuchenplätzchen.

Nach Babuschkas uraltem Geheimrezept wurde dieser Teig schon Anfang Dezember im Holzkübel angesetzt, mit Waldkräutern bestreut und mit Tannenzweigen abgedeckt. Und am 24. Dezember, nach Aufgehen des Abendsterns, wurde der Christbaum mit den lustigen Lebkuchenfiguren geschmückt.

Und nur für einen Augenblick verspürte sie einen Hauch von Muckerls Stimme. Es war an einem Donnerstag und Muckerl behauptete, daß die Nächte an den drei Donnerstagen vor der Heiligen Nacht besonders verzaubert seien. In diesen Nächten zögen wunderlich verkleidete Gestalten umher, um die bösen Geister zu vertreiben. Und alle Lebkuchenfiguren, die an einem Donnerstag gebacken würden, verwandelten sich in lebende Gestalten. Diese zögen dann lärmend von Haus zu Haus.

Und nun dachte sie an jenen stillen Ort, der sie heute glauben ließ, daß dort eine andere Zeit war. An einem Wintermorgen ging sie mit Muckerl durch den verschneiten Wald. Dort stand eine Tanne, die aussah wie eine verschneite Frau. „Das ist die ‚Weiße Frau.' Die

reitet immer zur Zeit der Wintersonnenwende durch den Winterwald", flüsterte Muckerl.
Und Natalie träumte noch immer von der weißen Frau, als sie von der Stimme ihres Bruders Alexander in die Wirklichkeit zurückgeholt wurde. „Es schneit, Natalie, es schneit!"
Aus dem dunkelgrauen Himmel schwebten Schneeflocken hernieder und verwandelten den Garten in ein weißes Zauberreich. Auf der Anrichte stapelten sich zwischen Honiggläsern und Gewürzen jede Menge Backrezepte. Das Etikett einer silbernen, mit Zuckertrüffeln gefüllten Dose war deutlich mit dem Wort „Mottenkugeln" beschriftet. Es handelte sich eindeutig um die Handschrift ihres Bruders Alexander. Im ganzen Haus duftete es nach Zimt und Nelken, Vanille und Zitrone. Natalie war damit beschäftigt, Mandeln und den Rest des Mehls mit dem Lebkuchenteig zu verkneten. Dann legte sie den Teigballen auf ein Holzbrett und walzte ihn mit dem Nudelholz dünn aus.
Ehe sie mit dem Formen und Ausstechen der Plätzchen begann, fiel ihr Blick noch einmal auf den Adventskalender. Der hing zwischen Topflappen und Kaffeefiltern an der Wand und zeigte schon eine Reihe offener Fensterchen auf. Als sie jedoch das dreizehnte Fensterchen öffnete, sah sie in die süßen Mandelaugen eines Lebkuchenpferdes. Es war ein Zauberpferdchen mit einer Mähne aus Zuckerwatte und Flügeln aus rosa Zuckerguß. „Ein Lebkuchenpferdchen werde ich heute backen", dachte sie. Mit Hilfe einer Schablone gelang ihr ein echtes Kunstwerk. Während der Backzeit verformte sich die Figur. Indem sich die Ohren vergrößerten, schrumpften die Beine stark ein. Aus dem Lebkuchenpferd war nun ein Esel geworden. Trotzdem verzierte sie ihr Maultier mit Sukkade und Mandeln und bestrich die Flügel mit rosa Zuckerguß. Dann schob sie den Schaukelstuhl vor's Fenster und schaute hinaus. Dicker, feuchter Nebel lag über den Gärten. Draußen wehte ein eisiger Wind. Bäume und Sträucher waren mit Reif übersponnen.
Die Dämmerung senkte sich über Wald und Feld. Weit hinten im Dorf flammten die Lichter auf. Die Nacht kam. Doch es wurde nicht

ganz dunkel. Der Mond stieg hinter'm Walnußbaum empor, und in seinem Schein glitzerten tausend Schneekristalle. Es war Donnerstag, als es von der Kirchturmuhr gerade zwölf Uhr schlug. „Das Schönste, was wir erleben können, ist das Geheimnisvolle", waren Babuschkas Worte. „Und wir sollten nicht immer eine Antwort erwarten, sondern das Unbegreifliche in seiner geheimnisvollen Schönheit auf uns wirken lassen."

Und da saß sie nun still und einsam vor dem Küchenfenster und träumte von Muckerl. Und nun tauchten all die Gestalten, die Elfen und Zwerge, die verwunschenen Prinzen und verzauberten Prinzessinnen vor ihr auf. Und Muckerl ließ diese Gestalten denken, handeln und sprechen. Und sie träumte von Lebkuchenfrauen, die auf ihren fliegenden Lebkuchenpferden durch den brennenden Adventskranz schwebten und dabei mit Zuckertrüffeln balancierten. Es war ihr, als hörte sie ein seltsames Klirren und Rauschen. Sie sprang von ihrem Küchenstuhl hoch.

Doch alles blieb still. Plötzlich bekam sie Hunger und dachte: „Nun werde ich das mißratene Maultier verspeisen." Gerade, als sie zubeißen wollte, schrie der Esel laut:

„Mellismulus, hier bin ich und bin dennoch Nichts,
bin nur ein Trugbild, nur ein Widerschein des Lichts,
und galoppiere durch die Weite der Natur,
und such mit dir im Traum die Ahnung einer Spur.

Mellismulus, so flieh, wie's deine Seele tut,
und alles, alles wird verwandelt, alles gut.
Frag nicht, komm mit, bevor die Nacht den Traum verhüllt,
denn nur in Morpheus' Armen wird dein Wunsch erfüllt."

„Ich glaube, ich träume", rief Natalie verwundert. „Ich rede mit einem Lebkuchenesel." „So ist es", entgegnete der Esel. „Mein Name ist Traumulus. Deine Hände formten mich an einem Donnerstag aus verzauberten Zutaten. Einen ganzen Traum lang werde ich nun dein treuer Freund und Begleiter sein." „Lächerlich", meinte

Natalie. „Ich habe dich gerade erst gebacken. Du kommst direkt aus dem Backofen und bestehst nur aus Mehl, Zucker, Honig und Gewürzen."

„Da siehst du es", entgegnete der Esel. „Ich kenne alle Bienen, denn in mir ist die Süße des Honigs verborgen. Und ich spüre noch die Urkraft des Korns. Ich höre den wilden Trommelschlag bei der Muskatnußernte. Und in meinen Ohren klingt noch immer der Gesang der Mädchen unter den Mandelbäumen. Ich spüre den bitteren Geschmack der Nelken ebenso wie den sanften Hauch von Anis, den aromatischen Duft von Zimt. Und die süße Verführung von Zuckerrohr verwirrt noch immer meine Sinne."

„Du erzählst mir wohl Märchen", meinte Natalie belustigt. „Aber natürlich", entgegnete Traumulus. „Märchen haben eine magische Wirkung. Sie sind der Spiegel vergangener Zeiten." Als Natalie schwieg, fuhr der Esel unbeirrt fort: „Liebste Natalie, schenk mir dein Vertrauen, damit ich dich in das Zauberreich führe, das nur durch einen Traum von der übrigen Welt getrennt ist."

Und so begann für Natalie die phantastische Reise durch das Reich der Lebkuchengewürze. Im sanft schimmernden Licht des Abendrots flog sie mit Traumulus über die nebelrauchenden Winterwälder. Sie landeten sanft auf einer schneebedeckten Wiese. Ein blaßrosa Schimmer drang durch das feuchte Silber der sinkenden Wintersonne. Und am Rande des weiten Schneefeldes tanzten die nächtlichen Elfen mit wogenden Nebelschleiern.

Aus dem Rotdornbusch klang ein helles Lied. Es war der Weihnachtsvogel. Er schwirrte ganz unverfroren durchs Schneegestöber. Und er sang im Fluge das Lied von der Schneeflocke, so zart und gefühlvoll wie der Gesang einer Nachtigall.

Die Sandbirke am Rande der Wiese bewegte sich leise im Wind. Durch die Abendsonne flimmerte und funkelte es in den Zweigen. In der Schneedecke auf der Wiese blinkten Eiskristalle. In diesem Augenblick sah Natalie eine kleine Gestalt unter dem Rotdornbusch hervorkommen. Die Ähnlichkeit mit Babuschkas Lebkuchenmännchen war verblüffend.

„Gestatten, Zutatenmeister Mannehme", stellte es sich vor. Vor sei-

nem Bauch hing eine riesige Rührschüssel, in der zwei hölzerne Löffel rotierten. Und auf seinem Kopf thronte eine hohe, weiße Bäckermütze. „Ich freue mich, daß du an meinem Kursus ‚Wie backe ich ein Lebkuchenpferd' teilnimmst. Denn nur auf die Zutaten kommt es an. Doch zuerst mußt du die Sprache der Gewürzpflanzen und Bäume verstehen lernen."

„Bäume haben auch eine Sprache?" wunderte sich Natalie.

„Sie können nicht sprechen wie wir", erklärte ihr Mannehme. „Doch sie erwecken in uns Gefühle und Stimmungen, indem sie uns mit Knospentreiben, Saftsteigen, Erblühen und Verwelken die vier Jahreszeiten vorleben. Bäume, Pflanzen und Gewürze sind deine Begleiter in diesem Traum. In deiner Phantasie vereinigen sich Gegenwart und Zukunft. Denn zwischen Traum und Wirklichkeit, zwischen Werden, Sein und Vergehen wird immer der Baum dein Begleiter sein. Schon seit ewigen Zeiten herrschen zwischen Menschen und der Baumwelt viele Märchen und Sagen. Unter den Wurzeln des Erlenbaumes wohnt der Erlkönig mit seinen Töchtern. Und drinnen in dem Erdhügel, wie uns das Märchen erzählt, werden große Feste gefeiert. Alle Dämonen, Hexen und Kobolde haben dort Zutritt. Als geeignet, die Welt zu tragen, sahen die alten Germanen die Esche an. ‚Yggdrasil' hieß in der nordischen Sage die Weltesche. Nach unten verankert war der Baum mit drei Wurzeln. Eine reichte nach ‚Jotunheim', dem Land der Riesen, die andere in die Unterwelt ‚Niflheim', die dritte in das Reich der Menschen. Und in der Eiche verehrten sie ‚Donar', den Herrn über Blitz und Donner. Und eine Sage erzählt, daß es einen Zauber gäbe, der die Blätter des Walnußbaumes in Gold verwandeln kann."

„Wirklich", meinte Natalie, die mit großer Spannung zuhörte. „Solltest du an der Wahrheit dieser Sage zweifeln, so schaue an einem Frühlingsabend in die sonnenbeschienenen Zweige des Walnußbaumes." Natalie sah verwirrt auf. Mannehme fuhr fort:

„Früher glaubten die alten Germanen, ihre Götter könnten durch den Baum zu ihnen sprechen. Sie lauschten dabei auf das Rauschen der Blätter, um ihre Botschaft zu erkennen. Die Menschen haben immer noch nicht begriffen, daß Bäume, Pflanzen und Ge-

würze keine robusten Gesellen sind, sondern sich eine fröhliche Gemeinschaft mit uns wünschen. Höre gut zu, was sie dir erzählen!"

Der Pfad, den Traumulus und Mannehme einschlugen, führte zunächst durch einen Fichtenwald. Der Boden war mit einer dünnen Schneeschicht bedeckt. Die schwarzen, schlanken Fichtenstämme, deren dunkelgrüne Zweige mit prachtvollen Schneegirlanden behangen waren, blitzten in der Abendsonne.

Nach langem Ritt, als schon der Morgen graute, kamen sie an eine sanft ansteigende Anhöhe. Der Boden war überzogen mit dichten Moosteppichen. Plötzlich wurde das undurchdringliche Dunkel der Fichten durch eine Lichtung unterbrochen. Und vor ihnen lag eine wunderschöne Frühlingswiese. Von Tau und Regen benetzt, von der Sonne geküßt, wuchs hier jedes Blümchen und jeder Halm, so wie es ihm gefiel.

Immer schöner, immer grüner und immer bunter erschienen Natalie die Wiesenpflanzen. Riesenfalter schwebten ihr entgegen. Vogelruf und Bienengesumme lösten in ihr das Empfinden jubelnder Bereitschaft und seligen Verschenkens aus.

„Jahreszeiten sind hier wie Augenblicke und Augenblicke wie Jahrhunderte", freute sich Mannehme. „Ein Zaubertraum reicht nicht aus, um sie erschöpfend auszukosten. Im magischen Zustand wirst du alle vier Jahreszeiten gleichzeitig durchlaufen. Doch wenn du erwachst, werden nur wenige Augenblicke verflossen sein."

Der Schatten eines Riesenvogels huschte wie eine dunkle Wolke dahin. Doch der Schatten war nur kurz. Die Sonne, prachtvoll und golden, neigte sich schon hinter die Wipfel der Fichten. Aus dem Waldrand kamen sachte die schlanken Rehe heraus.

Und als Wetterleuchten am Horizont erschien, entströmte den Blüten des Rotdorns ein süßer, schwerer Duft. Nun kam die Zeit, in der die Wiesenelfen ihre silbernen Fäden spannen und jeder Grashalm eine Welt grüner Wunder wurde. Die Nymphe Pitys überreichte ihren Gästen einen mit Wald- und Wiesenblumen geschmückten Fichtenzweig.

Am nächsten Tag aber war aller traumhafter Zauber verschwun-

den. Nur ganz zögerlich drang die Sonne durch die Wipfel der dunklen Fichten, was den Weihnachtsvogel jedoch nicht davon abhielt, sein wehmütiges Winterlied zu präsentieren.
Zwischen den Halmen und Gräsern glitzerten regenbogenfarbige Tautropfen. Ein Kuhhirte, gefolgt von einer Kuh mit Kälbchen, waren die nächsten Gäste der Weihnachtswiese.
„Oh", rief Mannehme. „Da kommt ja Buttermolki mit seiner musikalischen Kuh Rieke. Jetzt kann ich mit der Zutat Nummer eins beginnen. Das ist die gute Butter."
Und mit Kuhglockenbegleitung klopfte Mannehme mit den Holzlöffeln an seine Rührschüssel.

Im Land der Honigbienen

Und so hatte Traumulus zwei Gäste zu befördern. Frohgelaunt galoppierte er mit ihnen über die grüne Ebene. Kaum hatten sie die Frühlingswiese verlassen, beherrschte wieder Eis und Schnee die Region. Die Morgensonne ergoß ihren Farbenzauber über die Wiesen und Felder. Wo Stellen vom Schnee entblößt waren, glänzten die Tautropfen im Gras wie Silber.

Im fernen Winkel der Wiese stand ein Baum. Er war ganz mit weißen Blüten bedeckt. Dieser Baum war der Eingang zu einem herrlichen Bienengarten, den niemand ohne Aufforderung betreten durfte. Es war eine blühende Oase im weißen Schnee. Noch war alles verschneit, doch plötzlich tanzten farbige Punkte vor ihnen her. Die Punkte verwandelten sich in Blütenpollen. Ein Hauch von honigsüßem Duft lag in der Luft. Und dann sah Natalie, daß neben dem Eingang ein Wachtposten aufgestellt war. Es war eine Riesenhornisse. Violett leuchteten ihre Augen. Seltsam zuckten die gekolbten Fühler. Sie hatte einen schwarzrot bepelzten Körper.

Eine freundliche, ältere Dame, die Natalie an Babuschka erinnerte, erwartete sie bereits. Mit Strohhut und sonnengelb gestreifter Schürze wirkte sie sehr unternehmungslustig. „Mein Name ist Melissa“, stellte sie sich vor. „Ich führe euch durch meinen Bienengarten.“

Melissa wies auf einen hohlen Baum. Vor dem Flugloch hielten sich einige Bienen auf. „Das sind die Wächterinnen. Sie halten allerlei Feinde davon ab, in die Gänge des Bienenstockes zu gelangen. Fremde Bienen, die den Honig rauben wollen, werden am Geruch erkannt und mit schnellem Flügelschlag vertrieben. Jede hier summende Biene kann ihre Flügel zweihundertmal pro Sekunde schwingen.

Melissa führte sie weiter durch ihren herrlichen Bienengarten. Überall blühten wilde Anemonen, die einen grasbewachsenen Hügel überfluteten. An den Haselstauden hingen kleine graue Kätzchen. Der Tulpenbaum neigte sich unter dem Gewicht seiner

Blüten, in dem die wilden Bienen heimisch waren. „Wäre es ohne die Blütenpflanzen in ihrer tausendfach reizvollen Entfaltung nicht sehr traurig auf der Welt?“ meinte Melissa. „Wo immer Blumen blühen und Bienen summen, finden wir Ruhe, Geborgenheit und Glück.“
Es geigte und fiedelte, zirpte und flüsterte ohne Unterlaß. Im verwilderten Garten, vor einer Tempelruine, stand die mit Bienen bestickte Statue der Artemis von Ephesos, umgeben von den verwitterten Bildsäulen wilder Tiere und Nymphen.
„In Griechenland gab es zur Zeit des klassischen Altertums einen Berg mit Namen Hymettus. Die Oreaden, Nymphen auf Bergen (griechische Waldgottheiten), schlugen mit ihrem Zauberstab gegen die Felsen. So sprang Wasser aus den Felsen, und aus den hohlen Bäumen träufelte Honig“, erklärte ihnen Melissa. „Und auch im Alten Testament wurde Honig als eine Kostbarkeit erwähnt:

> *‚Und ich bin herniedergefahren, daß ich sie*
> *errette aus der Ägypter Hand und sie heraus*
> *führe aus diesem Lande in ein gutes und weites*
> *Land, in ein Land, darin Milch und Honig fließt.‘*
> *(2. Mose 3:9)*

Honig war jahrtausendelang die einzige Substanz, um Getränke und Speisen zu würzen. Schon vor vielen tausend Jahren gab es die Geschichte der Bienen. Steinzeitliche Zeichnungen in Felsenhöhlen belegen, daß Ägypter 3000 Jahre v. Chr. regelrechte Bienenzucht betrieben. Bei Ausgrabungen ägyptischer Pyramiden fanden Forscher verschlossene Tonkrüge mit Honig, der nach vielen tausend Jahren noch genießbar war.“
Melissa hatte einen Gehilfen. Mellitus war ein wunderschöner Schimmel mit einer honigfarbenen Mähne. Mit ihm ging Melissa auf Bienenwanderung. Und heute lud sie ihre Freunde dazu ein. „Um den Bienen das Leben nicht durch langwierige Flüge zu erschweren, bringen wir sie direkt zu den Honigquellen“, erklärte sie ihren Gästen. „Dieses Verfahren, mit den Bienenstöcken um-

herzuwandern, in besonders ertragreiche Gegenden, war schon in alten Zeiten bekannt. Die alten Ägypter hatten keine Bienenstöcke. Dafür kultivierten sie die Waben in großen Tonröhren. Diese verluden sie auf Kanus und fuhren damit den Nil hinunter. Frühmorgens legten sie an und ließen die Bienen ausschwärmen. Abends, wenn die Bienen zurückkehrten, fuhren sie mit ihren Booten weiter."

Melissa stellte die Bienenkörbe auf einen Bollerwagen. Der Schimmel Mellitus trat ganz vorsichtig auf, daß die Bienenstöcke kaum erschüttert wurden. Sie kamen durch eine idyllische Gegend, wo die Heidelbeere blühte und die Eberesche zu knospen begann. Sie wanderten über einen Heideweg, der von Birkenstämmen umsäumt war. Zypressenschlanke Wacholderbüsche zeichneten sich im Sonnenlicht ab.

Schon hatten sich vereinzelt Kelche des Heidekrauts rosarot verfärbt. Sandbüsche und Erika durchsetzten das Heidekraut. Blaue Glockenblumen leuchteten neben dem Zartgold des Beinwells. Pausenlos fiedelten Grillen. In schwindelnder Höhe sang eine Lerche. Hier stellte Melissa einen Teil ihrer Bienenkörbe ab. Herrlich still und warm war es für die Bienen. Und sie schickten sofort ihre Kundschafter aus. Die Kundschafterbienen waren nicht lange unterwegs. Sie kehrten zurück und erklärten in ihrer Sprache, mit ihren Tänzen, wo welche Blumen blühten. Danach flogen die Arbeiterinnen nach Beute aus.

Ein paar Meter weiter spann Einsamkeit Stein- und Hügelgräber ein. Dort ragte, von einer knorrigen Föhre beschirmt, ein besonders großer Stein hinter einem Heidehügel hervor. Der Abend breitete über Heide und Moor seine dunklen Schatten aus. Durch die Wacholderbüsche sang der Abendwind seine Melodie. Sie liefen zwischen Steingeröll und Heidebüschen, bis sie schließlich vor einem seltsam geformten Felsen standen, der eine Grotte in sich verbarg. „Honigtempel", las Natalie die in Stein gehauene Inschrift. Darunter der Spruch: „Die erste Wohltat, die Gott den Menschen bei Mißachtung der Gesetze entzieht, ist der Honig."
(Der Prophet Mohammed)

Hinter einem Wall, von Weißbirken beschirmt, schwirrten wilde Bienen. Nebel breitete sich über die Weite, goldrot kam der Mond herauf. Das Heidemoor lag vor ihnen, dunkel und geheimnisvoll, umwittert vom Hauch der Jahrtausende.
Sie setzten sich unter eine Eiche mit breiter Krone. Es war so still, als wären sie allein auf der Heide. „Die Stille ist hier fühlbar", flüsterte Melissa. „Sie legt sich wie ein linder Druck auf unser Gemüt."
Natalie griff ins Moos. Es war weich und kühl. Ein paar Regentropfen fielen vom Himmel. Doch unter dem Blätterdach waren sie vor Wind und Nässe geschützt. Bald hörte es auf zu regnen. Hin und wieder blickte der Mond durch die Wolkenlücken. Auch ein paar Sterne waren zu sehen. Geheimnisvoll rauschten die Blätter des Eichenbaums. Dicht neben ihr glitzerte ein Regentropfen im Heidekraut, so hell wie ein Diamant. Fast wurden ihre Augen geblendet. Der Mond spiegelte sich darin, wie ein geschliffener Glasstein. Ringsumher wurde es nicht heller, denn eine Dunstwolke hüllte die Heide in einen Schleier. Der Regentropfen jedoch behielt sein Licht.
In seiner Klarheit entstand eine unbeschreiblich erstrahlte kleine Welt, eine Welt der Sehnsucht und der Erinnerung. Und sie dachte an Muckerl. An all die Märchen aus längst vergangenen Zeiten. Es befiel sie eine tiefe Traurigkeit, so daß sie aus dem Bereich der Wirklichkeit in die Welt der Träume und Erscheinungen flüchtete.
Da hörte sie eine Eule über dem Hünenstein rufen. Ein fürchterlicher Schreck durchfuhr sie. „Hüte dich, daß du nicht um Mitternacht die Ruhe der Toten störst! Denn in der Geisterstunde entsteigt der König dem Grabe. Im wallenden Mantel durchschreitet er sein Reich. Die Geister aus dem Heidemoor zünden ihm zu Ehren Irrlichter an.
Die Tiere der Nacht begleiten ihn. Nur den Menschen ist er gram. Verräter nennt er sie, weil sie die alten Götter vergaßen und ihre Altäre stürzten."
Ein Blitz schoß zischend am Felsenstein vorüber. Grollend fuhr der Donner hinterdrein. Das Toben der Nacht war jetzt direkt über ihr.

Eine grauenhafte Angst befiel sie. Sie war allein. Von Traumulus und Mannehme keine Spur. Wieder zuckte ein Blitz. Dann hörte sie Stimmen und lief um den Hünenstein herum. Plötzlich stand sie inmitten einer Gruppe Menschen am offenen Feuer. Ein Windschirm aus Zweigen hielt den heulenden Gewittersturm ab.
Einer der Männer legte Steine in die Glut. Um die Schulter trug er ein Wolfsfell. Eine alte Frau goß Flüssigkeit in die Glut. Rauch stieg auf und erfüllte den Raum wie Nebelschwaden. Dann wurde es wieder hell. Die Gestalten waren unterdes verschwunden. Wo waren sie geblieben? Natalie lief durch einen langen Gang ins Innere der Höhle. Die Wände waren reich mit den Darstellungen von Bienenvölkern bemalt.
Sie gelangte in einen weiteren dunklen Raum. Dort traf sie wieder den Mann im Wolfsfell. Mit einem brennenden Kienspan entzündete er die bereitstehenden Lampen. Das waren flache Muscheln, die mit Tierfett angefüllt waren. Zusammengedrehte Haare dienten als Docht. Heftig erschrak Natalie über ein riesiges, tönernes Standbild. Ein fahlgelbes Urpferd mit einem einzelnen schwarzen Horn und dem Hinterteil einer gigantischen Hornisse. Das Standbild war umgeben von großen Tonröhren, in denen sich Honigwaben befanden.
Dann kamen aus einer Nebenhöhle viele kleine Knaben. Sie begannen, im Kreise um das Standbild herumzugehen. Dabei sangen sie eintönig. Dann knieten sie nieder. Das währte eine lange Zeit. Die Knaben standen auf. Der Mann im Wolfsfell kam und überreichte den Knaben einen Speer und einen Feuerstein. Mit dem Feuerstein schlugen sie gegen die Felswand und schon flogen ein paar Funken. Die verwandelten sich in hüpfende Flämmchen. „Sieh zu, daß dich die Irrlichter nicht vom Wege locken“, schrie die Eule.
Natalie mußte wohl vor Erschöpfung eingenickt sein und sehr lange geschlafen haben. Als sie erwachte, war es heller Tag. Draußen funkelte der Sonnenschein in der Heide. Ja, die Heide blühte. Es war ein Leuchten bis in die Ferne, tröstlich und beglückend nach diesem seltsamen Traum.
Die zweite Partie Bienen wurde nun weiterbefördert. Sie erreich-

ten eine Lichtung. Und am Ende dieser Lichtung, wo uralte Eschen sich bis hoch in die Hügel hinaufzogen und wo die Tannen ein großes Dickicht bildeten, erblickten sie wie durch einen Zauberschlag ein herrliches Naturparadies.
Platanen breiteten ihre Zweige über einen Wiesengrund. Hier blühten Iris und Jasmin, Mangroven und Schlüsselblumen. Geschützt von einer wildwachsenden Myrtenhecke standen die weißblühenden Gardenien, die nach Schwermut dufteten.
Hier ließ Melissa ihre Bienen schwärmen. Tausende kleiner wilder Kirschbäumchen blühten hier. Nicht nur Bienen, auch Hummeln und Schmetterlinge setzten sich auf die Zweige. Honigduft lag über den Blumenhängen. Auf den Zweigen entzündete die Sonne Blütenfeuer.
Unter blühenden Akazienbäumen luden Sitzgruppen aus geflochtenen Birkenzweigen zum Verweilen ein. Auf einem Holztischchen funkelten mit Honig gefüllte Kristallschälchen. „Dieser Honig", sagte Melissa stolz, „ist ein Honig, den noch kein Mensch vor euch probiert hat. Denn die Sonne leuchtet hier intensiver. Die Nektarien der Blüten füllen sich hier schneller. Es ist einfach ein noch nie dagewesener Honig."
Der Schimmel Mellitus (was der Honigsüße bedeutet) wieherte freundlich, als er eine in Honig getränkte Karotte erhielt. Auch Natalie schien es, daß dieser Honig bedeutend schmackhafter war als der Honig aus ihrem Supermarkt.
Geheimnisvolle Geräusche erklangen von den Bäumen. Über Nacht waren die Knospen der wilden Äpfel aufgebrochen. Hunderte von winzigen Sternchen umhüllten die Bäume mit einem rosaweißen Mantel. Wie Feuerflammen glimmten die wilden Bienen auf und zauberten goldene Girlanden um die Blütenknospen. Ein kleiner Bach schlängelte sich durch das Grasland und überall leuchteten blaue Glockenblumen. Wild- und Honigbienen, Glanzkäfer und bunte Falter lösten sich im bunten Reigen ab.
„Seht nur", rief Melissa entzückt. „Alle Blumen haben Besuch. Und jede Blume versteht es, auf ihre Art mit bunten Farben und Kelchblüten die wilden Bienen anzulocken. Ja, in meinem Garten durf-

tet ihr kleine zarte Wesen in ihrer ganzen Größe bewundern. Und glaubt mir, daß alles, was ihr hier erfahren habt, nicht größer sein kann, als euer Herz groß ist. Wir müssen alle wieder lernen, daß der Sonnenschein über weite Wiesen oder das Rauschen der Bäume im Wind Glück bedeutet.

Doch am besten ist es, ihr findet es selber heraus. Dann werdet ihr Besseres erfahren, als ich es euch erzählen kann. Es ist nun einmal so, daß man von allem Schönen, das man erlebt, das Beste nicht sagen, sondern nur empfinden kann."

Zum Schluß überraschte sie ihre Gäste noch mit Honigpralinen. „Ein Stärkungsmittel mit Bittergeschmack für Traumulus. Sieht aus wie ganz normales Konfekt, ist aber Gelee royale, ein Zaubermittel der alten Mayas aus früheren Jahrtausenden. Eine Mixtur aus dem Extrakt von Baumrinden, Blattpflanzen und Honig. Nach dem Verzehr dieses Honigbonbons werden ihm ungeahnte Kräfte verliehen. Sein Flügelschlag wird den eines Adlers um das Mehrfache übersteigen. Hebt sie gut auf und macht nur Gebrauch davon, wenn ihr euch in Gefahr befindet."

Eine Riesenhummel flog über Natalies Kopf. Melissa beruhigte sie: „Das ist die Hummel Abeja. Sie begleitet euch auf der Reise ins Reich des Zuckerprinzen."

Der Zuckerprinz

So flogen sie mit Traumulus, begleitet von der Hummel Abeja, durch das goldene Licht der Lüfte, so daß sie wie kleine Punkte aussahen, die der Wind dahintreibt. Eine seltsame Traurigkeit begleitete Natalie und doch zugleich eine tiefe Beseeltheit. Sie sah das Land, das sie überflogen, die Äcker, die Wälder und Wiesen. Wie ein Schatten flogen sie dahin, über die Heidelandschaft, die sich im Schein der Sonne rötlich färbte. Alles erschien ihr feierlich.
Schon waren sie der Ebene entflohen und schlossen Freundschaft mit dem Berggeist.
Ruhig und feierlich schwiegen die Berge. Unter ihnen breitete sich meilenweit der ernste, schweigende Fichtenwald aus. Bald schwebten sie über die schwankenden Gipfel eines Wolkenberges. Sie überflogen die felsige Meeresküste. Hier setzte die Hummel zur Landung an. Traumulus machte es ihr nach. So schwebten sie über schäumende Meereswogen zur Erde nieder. Tiefblauer Himmel wölbte sich über Pinien und Dattelpalmen. Natalies Blick folgte den jagenden Seeschwalben und blieb auf der Grenze zwischen Land und Meer haften. Orangen- und Zitronenbäume, Olivenhaine und purpurne Kletterpflanzen verhüllten die felsigen Hänge, die aus dem Meer aufstiegen.
Als sie sich der Küste näherten, erblickten sie ein großes Zuckerrohrfeld. Eine leichte poetische Wolke von Blumenbüschen lag über den weiten Feldern. Eine drückende feuchte Wärme lag in der Luft. In den Pflanzungen konnten sie den Erntearbeitern, die wegen der brennenden Sonne riesige Strohhüte trugen, beim Schneiden des Zuckerrohrs zusehen.
Plötzlich trat aus dem Zuckerrohrfeld ein Knabe. Sein schwarzes Haar, das auf seine Stirn fiel, bändigte er mit einem Band aus geflochtenen Gräsern. Was Natalie an ihm auffiel, war der Glanz in seinen Augen, deren Blick, eigenartig und schüchtern in sich versunken, doch zugleich in die weite Ferne zu schweifen schien. Wie ein ruhiges Wasser in seiner eigenen Tiefe ruht und doch zu-

gleich den Himmel spiegelt. Und Natalie glaubte in die Augen von Muckerl zu sehen.
Er schien nicht überrascht, als er die drei erblickte. „Willkommen im Reich des Zuckerprinzen", begrüßte er sie. „Mein Name ist Raffino."
Er führte sie durch die hohen Zuckerrohrstauden, als wanderten sie durch einen Wald. Im leisen Wind bewegten sich die Rispen mit metallischem Rascheln.
„Wenn die Blätter des Zuckerrohrs bis zum obersten Blattschopf verwelkt sind, wird das Rohr dicht über dem Boden geschnitten", erklärte ihnen Raffino, und er demonstrierte mit seinem silbernen Schwert einen Probeschnitt.
Und am Abend feierte man an der tropischen Küste das Johannisfest mit einem flammenden Scheiterhaufen. Es war das Opferfest der Zuckerfarmer, bei dem das Feuer zu Ehren der Göttin der Fruchtbarkeit brannte. Süßer, balsamischer Rauch zog über die Küstenebene. Die Funken stoben zum Himmel auf wie Tropensterne. Das Feuer prasselte. Schwere Rauchwolken zogen über die Felder.
Sie gelangten an einen Berg, der mit Gestrüpp und Brombeerranken bewachsen war. Dort entsprang eine Quelle, die sich weit über Geröll und Wurzelgeflecht schlängelte. Raffino begann mit seinem silbernen Schwert das Gestrüpp zu entwirren, und der Eingang zu einer Höhle wurde sichtbar. Raffino führte sie durch lange Gänge immer tiefer in den Berg hinein. Unter ihren Füßen hörten sie, ohne es zu sehen, Wasserrauschen.
Dann erreichten sie einen unterirdischen See. Das Wasser war glasklar. Sie bestiegen ein Boot. Das Boot schaukelte auf den Wellen. Sie erreichten eine Felsenterrasse. „Es ist der schönste Platz im Reich des Zuckerprinzen", erklärte er ihnen.
Das Wasser lief über Dutzende von Felsenstufen in den See. Die Felsen waren mit einer blauschimmernden Kristallschicht überzogen, eingefaßt mit dunkelgrünen Farnen. Und dahinter verbarg sich der funkelnde Kristallpalast des Zuckerprinzen.
Raffino übernahm die Führung. Als sie nun ein Tor passierten, welches aussah, als wäre es aus lauter Zuckerstangen errichtet,

gelangten sie in einen Garten. Zwischen weißen Rosettenblumen, auf silberweißen Wegen, stolzierten weiße Pfauen hin und her. Der Magnolienbaum öffnete seine elfenbeinfarbenen Blüten und erfüllte die Luft mit schwerem, süßem Duft.
In der Mitte plätscherte ein kristallener Brunnen. Und ein Zuckerpüppchen tanzte am Rand des Brunnens. Die Silberringe um ihre Knöchel klangen wie helle Glöckchen.
Kaum hatten sie den Garten durchquert, als sie vor einem hellschimmernden Kristallpalast standen. Zwei Diener im weißen Frack öffneten die Eingangstür. Sie gelangten in einen geheimnisvollen, kristallenen Spiegelsaal.
Eine Winterlandschaft tat sich vor ihnen auf. Schlittschuhläuferinnen, die so zart waren, als wären sie aus Zucker, tanzten und wirbelten auf der Eisfläche.
Da kam ein Schlitten, von weißen Rentieren gezogen. Darin saß ein Prinz. Er hatte verträumte Veilchenaugen und trug einen Umhang aus Silberfäden. Sein Gesicht war so bleich wie der Schneepalast. Sein Haar so weich wie Zuckerwatte.
„Das ist der Zuckerprinz Sakkaro“, flüsterte Raffino. In diesem Augenblick ließ sich eine sanfte Musik vernehmen. Eine Kapelle spielte den Zuckerwalzer.
Der Zuckerprinz überreichte Natalie eine weiße Rose. „Willkommen, liebste Freundin“, begrüßte er sie.
Weiße Wolken, die vorüberzogen, berührte Sakkaro mit dem Zauberstab. Natalie spürte, daß sie plötzlich Schlittschuhe unter ihren Füßen trug. Sakkaro verbeugte sich zu Natalie.
„Darf ich bitten, mein Fräulein?“
Und nun tanzte sie mit Sakkaro auf dem Eis. Zuerst langsam, dann immer schneller. Es war, als würden sie fliegen, höher, immer höher. Ein Clown pustete bunte Seifenblasen über die Tanzenden, die sich wie ein Regenbogen über ihnen spiegelten.
Sie machten zusammen Luftsprünge. Wie ein Kreisel schwebten sie über dem Eis. Dann schwirrten sie wie Federn durch die Luft. Sie wurden langsamer und langsamer, bis sie völlig zur Ruhe kamen. Und wiederum schwebten weiße Wolken herbei. Sakkaro

berührte sie mit dem Zauberstab. Aus den Wolken rieselte feiner, weisser Zucker herab, direkt in Mannehmes Rührschüssel. Dann warf er den Zauberstab in die Luft. Er stieg höher und höher, wurde zu einem farbigen Ball und wirbelte schließlich durch die Luft wie ein bunter Vogel. Als leuchtender Pfeil schwirrte er dann zur Erde zurück.
Doch als Sakkaro den Zauberstab zerbrach, fielen schneeweisse Zuckertrüffel auf die Eisfläche. Sakkaro hob eine Zuckertrüffel auf und bot sie Natalie an: „Für meine kleine Eisprinzessin", verbeugte er sich tief vor Natalie. „Dies ist eine Zaubertrüffel. Nach ihrem Verzehr wird man unsichtbar. Ich mache es dir vor." Und augenblicklich war er verschwunden. Während Natalie verwundert um sich schaute, rührte Mannehme gelassen in seiner Rührschüssel.

Wach auf, o Nordwind

Eine weiße Wolke umhüllte sie. Und plötzlich saßen sie in einem Schlitten, der von Traumulus mehr geflogen als gezogen wurde. Und dann schneite es. Die Schneeflocken wurden größer. Der Schlitten flog nur so dahin, geradewegs in eine Allee. Die Bäume an beiden Seiten kamen ihnen entgegen.

Am Anfang der Allee waren die Bäume mit Frost und Schnee bedeckt. Der Nordwind blies und heulte über sie hinweg. Doch je weiter sie die Straße hinabfuhren, desto lauer wehten die Winde. Der Schnee schmolz dahin, funkelnde Schneebälle flogen von den Zweigen. Unten angekommen, sahen sie wie weiße Zuckertrüffel aus. Als die Kufen über sie hinwegfuhren, da wurden die Schneebälle zu Rädern. Das Gefährt rollte weiter die Straße hinab. Und plötzlich verspürten sie Frühlingswetter. Sonnenwärme hüllte sie ein.

Die Vögel sangen und die Knospen entfalteten ihre lichtgrünen Blätter. Überall grünte und blühte es. Hohe Gräser wiegten sich im Wind.

„Wir haben die Feenallee erreicht", erklärte ihnen Mannehme. „Frühling, Sommer, Herbst und Winter schütteln gemeinsam ihre Gaben über das Feenreich aus. Alle Monate fallen gleichzeitig vom Zeitenbaum."

Herrliche Gerüche strömten ihnen entgegen. Die Luft erfüllte ein überschwengliches Frühlingserwachen. Ein schillernder Vogel flog ihnen voraus und zeigte ihnen den Weg zum Feenreich. Am Eingang hing eine Anschlagtafel „Feen=kräuter=garten".

Zwei mächtige Eichen standen an beiden Seiten dieser Tafel. Im Baum zur Linken war ein Schiebefenster eingelassen, über dem zu lesen war: „Tickets".

Mannehme klopfte ans Fenster. Eine weiße Taube gurrte: „Wieviel Personen bitte?"

„Drei", antwortete Mannehme. Er bekam drei Sternanis. Sie passierten ein Tor und gelangten in eine Gartenanlage.

Im Mittelpunkt dieses Gartens befand sich ein runder Brunnen, um den kunstvoll Kräuterbeete angelegt waren. Diese Beete waren mit Buchsbaum und Ringelblumen eingefaßt.

Es war ein zauberhafter Garten mit seinen vielen Gängen. Die Zypressen warfen lange Schatten über die Kräuterbeete. Der Anblick dieses schönen Gartens war wunderbar und angenehm. Die sternförmig rotbraunen Früchte des orientalischen Sternanisbaumes raschelten geheimnisvoll im Rhythmus des Windes. Bienen und Schmetterlinge besuchten diese Sternchen, deren würziger und feiner Duft von Anis überall in der Luft lag. Aber auch die Kräuterbeete verströmten ihr herzhaftes Aroma. Eine Anzahl dieser Kräuter hatte farbige Blätter, und diese Pflanzen waren so in den Beeten verteilt, daß ihre Farben mit denen der blühenden Kräuter verschmolzen.

Freistehende trockene Steinmauern boten für exotische Kräuter herrliche Nischen. Die kleinen Eidechsen krochen aus den Rissen der Mauern und sonnten sich. Überall standen steinerne Vasen und alte moosbewachsene Statuen.

Vom schweren Duft der Kräuter waren sie ganz betäubt. Natalie setzte sich auf eine Steinbank, die unter einer schattigen Stechpalme stand. Auch Traumulus lag ausgestreckt unter der Palme. Bald umwehten sie die herrlichsten Gerüche. Es waren die Anispflanzen, deren Duft aus den Kräuterbeeten strömte.

Das leise Plätschern des Brunnens verleitete zum Träumen. Eine herrliche Musik erklang. Natalie war wie verzaubert. Nur Mannehme zeigte keine Müdigkeit. Als nächste Zutat gab er Anis und Sternanis zu seinem Lebkuchenteig.

Und weiter ging die Reise, denn im Feenreich existierten viele Gärten. Hinter einer Zypressenallee wuchsen riesige Büsche mit exotischen Blüten, Oleander und Wildblumen, die sich über die engen Pfade schlangen.

Traumulus galoppierte los durch das Gewirr von Kletterpflanzen und Brennesseln. Er witterte den Geruch von Koriander. Er galoppierte über jedes Hindernis und hatte kaum Zeit, die Schlingpflan-

zen und die niedrigen Äste, die ihm den Weg versperrten, zu sehen. Und dann, am Ende dieser Wildnis, kamen sie an ein kunstvoll geschmiedetes Eisentor. Über beschattete Pflastersteine gelangten sie in einen uralten Kräutergarten. Dieser Garten war völlig verwildert. Doch Mannehme wußte, daß zwischen all diesen Unkräutern noch immer die herrlichsten Gewürze blühten. Und diese Kräuter und Gewürze übten eine starke Faszination aus. Überall im Garten brachen sie durch und wuchsen dort, wo man sie am wenigsten vermutete. Und dann, am Ende dieses Gartens, stand, umgeben von weißem Oleander, ein marmorner Engel. Er war teilweise mit Moos bedeckt, und ein Flügel war abgebrochen.

Natalie hatte das Empfinden von uralter und verschwundener Zeit. Es war ein Zauber des Geheimnisvollen, ja, das Ahnen von geheimnisvollem Geschehen, von dem sie glaubte, daß es sich irgendwann und irgendwo ereignen würde. Sie schloß die Augen, und der Engel ließ seine Hände über eine goldene Harfe gleiten. Die Gedanken flogen den Tönen voraus. Und dann vernahm sie Stimmen, sofern es Stimmen waren, denn der Wind hatte begonnen, durch die Blätter des Oleanderbusches zu rauschen.

Und über den weißen Oleanderblüten schwebten die Elfen. Sie streuten Blütenblätter umher und sangen zu den Klängen der Harfe „Das Hohelied Salomos". Wie schöne Schmetterlinge flogen die Töne über den Garten der Träume:

> *„Wach auf, o Nordwind, und gehe nach Süden.*
> *Wehe über meinen Garten, damit seine*
> *Gewürze ausfliegen können;*
> *laß meinen Geliebten in seinen Garten*
> *gehen und die köstlichen Früchte essen."*
> *(Das Hohelied Salomos-4:16)*

Die Schätze der Sprache reichten nicht aus, um diese Herrlichkeit zu beschreiben. Und über dem Garten lag ein Hauch von Violett, ein Schimmer von Rotbraun. Und Natalie fragte den marmornen Engel: „Woher kommen all diese Gewürze?"

Und der Engel antwortete: „Koriander wurde schon im Alten Testament erwähnt. Und das Haus Israel nannte es Manna. Und es war wie weißer Koriandersamen und hatte einen Geschmack wie Semmel mit Honig." (2. Mose 16:31)

Ein paar Augenblicke später fragte sich Natalie, ob sie nicht alles nur geträumt hätte. Aus dem Garten kamen keinerlei Geräusche. Alles war friedlich. Und zwischen dem weißen Oleander stand der marmorne Engel, stumm und ohne goldene Harfe. Sie war so verwirrt und konnte die Dinge, die geschehen waren, nicht so recht begreifen.

Ein fahlgraues Licht stahl sich durch den Garten. Ein Vogel sang im Oleanderbusch. Natalie war allein. Von Traumulus und Mannehme keine Spur.

Natalie begann, den verwilderten Garten zu durchqueren. Sie konnte nicht verstehen, wieso die beiden verschwunden waren. Nicht einmal eine Nachricht hatten sie hinterlassen. Sogar der Engel sah traurig aus.

Als sie am Ende des Gartens an einer Rotdornhecke angekommen war, blieb sie plötzlich stehen. Sie sah kleine weiße Gestalten aus dem Gebüsch hervorspringen. Ein Unbehagen überkam sie. Sie verließ den Garten und lief kreuz und quer durch eine ihr unbekannte Gegend. Sie wußte nicht einmal, in welche Richtung sie ging. Sie wollte gerade umkehren, als sie an eine Lichtung kam. Seltsame Schilfgewächse wuchsen dort. Und Natalie sah, daß überall unter dem Schilf weiße Gestalten hervorlugten. Gräßlich zischende Ungeheuer mit kleinen, funkelnden Augen. Natalie stand reglos, unfähig, diese Lichtung zu verlassen. Sie beobachtete die seltsamen Gestalten.

Ein Stein, wahrscheinlich ein Opferstein, wurde von beiden Seiten mit Ingwer behängt. Dann fingen die Gestalten an zu sprechen. Natalie konnte sich nicht erinnern, je in ihrem Leben so eine Sprache gehört zu haben. Auch war das kaum eine Sprache zu nennen. Es war mehr ein Zischen und Pfeifen.

Natalie hörte mit Erstaunen dem Schariwari zu. Und plötzlich sprangen sie flink und gelenk um den Stein herum. Hörnerklang ließ

sich vernehmen. Einige Eulen und Uhus setzten sich auf den Stein. Und ihre Augen fingen auf seltsame Weise im Finstern an zu leuchten. Plötzlich verneigten sich die Gestalten in Richtung Osten gegen den Stein.
Die knorrige graue Rinde einer Weide zog groteske Gesichter. Eine Baßstimme ließ sich vernehmen: „Du hast soeben die Lichtung der Knollengeister betreten. Zu Ehren von Knollerich wurde dieser heilige Ort mit Myrrhe, Aloe und Zimt besprengt.
Jeder, der es wagt, diese feierliche Handlung zu stören, wird den Zorn der Geister zu spüren bekommen."
Und im gleichen Augenblick begann sich eine Gestalt, die so aussah wie ein Dornbusch mit bizarren Ästen, in der Ferne zu bewegen. Die unheimliche Gestalt trat auf die Lichtung und kam langsam auf Natalie zu.
Aber es war keine Spukgestalt. Es war Traumulus, gefolgt von Mannehme. Natalie stieß einen Schrei der Erleichterung aus. Dabei stolperte sie über eines dieser kleinen Ungeheuer. Mannehme rief entzückt: „Oh, Ingwerwurzeln! Welch ein Glück, daß du sie für mich entdeckt hast."
Ganz aufgeregt erzählte Natalie von ihrem Erlebnis. Sie erwähnte den Opferstein. Doch als die drei sich diesem Ort näherten, waren die seltsamen Gestalten verschwunden.
„Wahrscheinlich hast du die feierliche Handlung einer Ingwerzeremonie gestört", erklärte ihr Mannehme. „Früher riefen die Menschen ihre Götter an. Baten sie die Gottheit um Vergrößerung ihrer Sippe, legten sie einige frische Ingwerwurzeln zu den Opfergaben. Zwei Scheiben frischen Ingwer, an beide Seiten des Opferaltars gehängt, bedeutete die Bitte um einen männlichen Nachkommen. Es ist daher anzunehmen, daß du an einem Opferfest der Vergangenheit teilgenommen hast. Im Reich der Träume sind Vergangenheit, Gegenwart und Zukunft immer identisch. Deshalb lasse deinen Traum zu dir sprechen.
Denn schon in der Heiligen Schrift werden wunderbare Beispiele von Träumern erzählt. Bekannt ist der Traum, den Jakob von der Himmelsleiter träumte:

‚Und ihm träumte, und siehe, eine Leiter stand auf Erden, die rührte mit der Spitze an den Himmel, und siehe, die Engel Gottes stiegen darauf auf und nieder.'

Doch die Bibel kennt auch abzulehnende Träume:

‚Denn so spricht der Herr Zebaoth, der Gott Israels: Laßt euch durch die Propheten, die bei euch sind, und durch die Wahrsager nicht betrügen, und hört nicht auf die Träume, die sie träumen! Denn sie weissagen euch Lüge in meinem Namen. Ich habe sie nicht gesandt, spricht der Herr.'"(Jeremia 29:8-9)

„Auch Josef hatte einen bedeutenden Traum", ergriff nun auch Traumulus das Wort, „als der Engel ihm befahl, mit seiner Familie vor Herodes zu flüchten. Auf einem Maultier unternahmen sie die Flucht nach Ägypten."

Guten Abend, gut' Nacht

Kaum hatten sie das Ende der Lichtung erreicht und einen Waldweg betreten, da schimmerte es schon wieder zwischen den Stämmen. Sie sahen zu ihrem Erstaunen, daß sie sich wieder auf der soeben verlassenen Lichtung befanden. Sie versuchten es bald in diese, bald in jene Richtung, um aus dem Zauberkreis herauszukommen. Vergebens, welchen Weg sie auch einschlugen, sie gelangten immer wieder an den verwunschenen Ort. Mißmutig wollten sie sich in ihr Schicksal ergeben, da sahen sie plötzlich einen rotbrauen Vogel über dem Rotdornbusch schweben. Sie vernahmen ein typisches Schlagen und Schluchzen, so wie es nur die Nachtigall kann.

„Es ist der Weihnachtsvogel", freute sich Mannehme. „Er will uns mit seiner Melodie auf die richtige Spur bringen."

Der Weihnachtsvogel flog eine weite Strecke vor, kehrte wieder zurück und wiederholte dieses Spiel, bis sie in einen Waldweg gelangten.

Lautlose Stille herrschte im Wald. Die Luft war so ruhig, daß sich kein Grashalm bewegte. Die Abendsonne schien sanft durch die Zweige und zauberte Lichtreflexe auf die hohen Stämme. Sie galoppierten über einen wenig betretenen Waldpfad und trafen auf taubeneiergroße, weiß getönte Gebilde.

Plötzlich begannen sie sich mit leisem Geknister zu regen. Sie fingen an zu wachsen, und plötzlich standen kleine Gestalten mit phosphorgrünen Hütchen vor ihnen. Sie waren in netzartig verflochtene Schleier gehüllt.

„Das sind die Schleierdamen", sagte Mannehme. „Sie leuchten den Weg zum Feenwald aus."

Plötzlich stieg eine riesige, feurige Kugel über die Wipfel der Bäume auf und ergoß ein silbernes Licht über die Stille des Waldes. Gespenstische Schatten huschten vorbei. Rasch galoppierten sie vorwärts, und bald vernahmen sie ein Plätschern und Rauschen. Plötzlich standen sie vor einem Waldsee. Am Ufer lag ein alter

Baumstamm, den der Sturm vor langer Zeit umgerissen hatte. Sie schoben den Stamm ins Wasser und ruderten mit Mannehmes Holzlöffel ans andere Ufer.

Was war das eine fremdartige Welt ringsumher! Überall wucherte und grünte es wild durcheinander. Winzig kleine Kolibris schwebten mit surrenden Flügeln von einer Blüte zur anderen. Hoch in den Baumkronen krächzten bunte Papageien. Doch die Pracht währte nicht lange, und schon durchwanderten sie ein Urwaldgebiet. Es wies die verschiedensten Formen auf und war mit Wassergräben durchzogen.

Sie befuhren mit ihrem Baumstamm die Urwaldgewässer. Am Ufer war wenig zu erkennen. Nur düstere Stämme und Blattgewirr. Dieses Urwaldgebiet hatte wahrscheinlich noch kein Mensch betreten. Und weiter drangen sie mit ihrem Baumstamm, den Mannehme „Urwaldkanu" nannte, zwischen den Stämmen in die Düsternis des Urwaldes ein. Wo eine Lücke im Blättermeer des Urwaldes sich öffnete, da strebten sonnenhungrige Äste empor. Ein grüner Filzteppich zog sich moosartig im Halbunkel hin. Eine Meute Affen begleitete sie.

Der Urwald lichtete sich. Grelles Sonnenlicht fiel herein. Sie betraten eine große Lichtung. Mitten auf der Lichtung stand ein etwa 15 Meter hoher Baum, an dem aprikosenartige Früchte hingen, die in der Sonne rotbraun leuchteten.

Müde von der langen Reise, legten sich die drei unter diesen Baum. Jetzt sahen sie, daß in den Zweigen kleine braune Äffchen hingen, die mit den Früchten des Baumes nach ihnen warfen. „Oh", rief Mannehme, „wie herrlich, Muskatnüsse!"

Dann sprang plötzlich ein Knabe mit wirren schwarzen Locken aus den Zweigen. Und wieder wunderte sich Natalie über die Ähnlichkeit mit Muckerl. Diesmal nannte er sich „Muskato".

„Dieser Baum", erzählte er, „wurde vor circa tausend Jahren heimlich gepflanzt. Ihr müßt wissen, daß die Eingeborenen, die eine Muskatnuß vom Baum pflückten, mit dem Verlust ihrer Hand bestraft wurden. Den Einheimischen wurde es nur erlaubt, abgefallene Früchte einzusammeln. Wer von den Eingeborenen einen Baum

verheimlichte, wurde mit dem Tode bestraft. Einer meiner Vorfahren ließ diesen Baum entführen, um ihn auf dieser Lichtung anzupflanzen. Dieser Muskatnußbaum wurde von den damaligen Handelsherren nicht entdeckt."
Dann führte er sie zu einem kleinen Holzschuppen, der aussah, als wollte er jeden Augenblick auseinanderfallen. Muskato holte aus dem Schuppen ein paar Holzhocker. Dann servierte er seinen Gästen Fruchtcocktails, die sie aus Kokosschalen tranken. Dazu reichte er ein herrliches Gebäck. „Es sind Muskatnußtörtchen", erklärte er ihnen. „Und das Rezept ist viele hundert Jahre alt."

> *„Rezept aus dem Jahre 1150*
> *Nimm, wie auch immer, Muskatnuß und in gleichem Gewicht Zimt und etwas Nelken und pulverisiere das. Und dann mach mit diesem Pulver und mit Semmelmehl und etwas Wasser Törtchen, und iß diese oft, und es dämpft die Bitterkeit des Herzens und macht deinen Geist fröhlich."*
> *(Äbtissin Hildegard von Bingen)*

Die Muskatnußtörtchen schmeckten ihnen ganz vorzüglich. Der Duft von feinen Kräutern stieg von diesen Törtchen auf.
„Ich werde mit euch an einen anderen geheimen Ort fahren", schlug Muskato vor. Die drei waren sofort einverstanden.
Muskato zog aus dem Schuppen einen hölzernen Wagen hervor. Dann zeigte er auf einen Ziegenbock. „Das ist Joschka." Und er spannte den Ziegenbock mit einer langen Schnur vor den Wagen. So eine seltsame Fahrt hatten sie noch nie erlebt. Joschka sprang mehr als daß er lief, und Traumulus galoppierte hinterher.
Als sie die Lichtung hinter sich gelassen hatten, wurden die Wege steiler. Joschka lief bedeutend langsamer. Und es gab fast keinen Schatten, bis sie eine Weggabelung erreichten.
Der Weg führte durch Olivenhaine und hochstämmige Königs- und Kokospalmen hinunter zu einer weiten Ebene. Hinter der Ebene

lag das ruhige blaue Meer. Dort begrenzten große Felsen einen steinigen Pfad, der in einem Wald endete.
Noch bevor sie ihr Ziel, die Nelkenplantage, erreichten, wurden sie bereits von dem intensiven Duft, der dieses Gewürz ausströmte, angelockt. Hier verabschiedete sich Muskato von ihnen. „Geht nur immer der Nase nach, dann werdet ihr euer Ziel nicht verfehlen."
Und bald standen sie vor einem Baum, dessen Zweige sich sehr weit über die Mitte des Stammes ausbreiteten, aber am Wipfel wie eine Pyramide endeten. Es war der Nelkenbaum. Erstaunt musterten sie diesen Baum. Doch noch mehr reizte sie der Anblick kleiner Männchen, die wie Stutenkerle aussahen. Sie hüpften und sprangen um den Baum herum und trugen angezündete Gewürznelken, die wie bunte Lampions leuchteten, in ihren Händen.
„Hallo, Freunde des Waldes", begrüßte sie eines der Männchen. „Ich hoffe, ihr seid in friedlicher Absicht in unser Tropenreich gekommen. Dann heiße ich euch willkommen."
Der Mond brach hinter einer Wolke hervor und ließ sein bleiches Licht durch die Baumkronen fallen. Ein wirklich einzigartiges Schauspiel bot sich ihnen. Am Stamm des Baumes stand eine liebliche Nelkenfee. Ihr Haar war so gelb wie Bernstein, ihre Flügel durchsichtig wie Bergkristall. Zwei Faune spielten auf ihren Saiteninstrumenten. Kleine Elfen tanzten zum Klang der Geigen so leicht, daß ihre Füße kaum den Boden berührten. Dazu sang die Nelkenfee ein altes Kinderlied. Ihre Zaubermelodie, ein Zweiklang von wunderbarer Fülle und Tiefe, schwang lange hin. Ihre Stimme, so lauter und rein, erfüllte mit ihrem überirdischen Wohlklang die Szenerie. Der Gesang war so sanft, fast unspürbar. Es war, als töne er fort, weit über die Wahrnehmungskraft des menschlichen Gehörs hinaus, wie ein urbildhaftes Traumgebilde. Dazu säuselte leise der Nelkenbaum. Und so wurden sie ins Reich der Träume entführt.

„Guten Abend, gut' Nacht!
Mit Rosen bedacht,
mit Näglein besteckt,

schlupf unter die Deck!
Morgen früh, wenn Gott will,
wirst du wieder geweckt."

„Guten Abend, gut' Nacht!
Von Englein bewacht,
die zeigen im Traum
dir Christkindleins Baum.
Schlaf nun selig und süß,
schau im Traum's Paradies."
(Opus 49, Nr. 4 von Johannes Brahms)

Als sie wieder erwachten, war alles still. Aber der Baum war ganz mit rosafarbenen Blüten übersät. Da sich jedoch alle an das „Gute-Nacht-Lied" der Nelkenfee erinnern konnten, war es wohl doch kein Traum. „Aber ich möchte nicht gern mit Näglein besteckt unter die Decke schlüpfen", meinte Natalie.
„Diese Näglein haben natürlich nichts mit kleinen Nägeln zu tun", erklärte ihr Mannehme, „sondern sind ein anderer Name für Gewürznelken, Syzgium aromaticum."

„Die ‚Näglein' sie haben nichts mit Nägeln im Sinn,
sind kleine Gewürze, doch groß ihr Gewinn,
'ne Zutat für Speisen, vor allem für Kohl,
und würzt du den Punsch damit, fühlst du dich wohl.
Orangen mit Nelken bespickt füll'n die Luft,
am Heiligen Abend mit herrlichem Duft."

Göttin der Träume

Es war so still, daß sie fast glaubten, der Tanz hätte niemals stattgefunden. Und doch spürten sie noch immer die Gegenwart der kleinen Leute aus dem Nelkenreich, ihren Gesang und ihre Fröhlichkeit.
Nachdem sie diese Gewürzinsel gründlich durchforscht hatten, ließen sie sich von einem Fischerboot auf eine andere Insel übersetzen. Inzwischen war Dunkelheit über die Insel hereingebrochen. In purpurnen Farben hatte sich die Sonne ins Meer gesenkt. Die Palmen rauschten leise im Wind, während sich an den Korallenriffen die Brandung brach. Sterne warfen ihr fahles Licht über das Wasser. Und der Geruch von irgendwelchem Räucherwerk lag in der Luft. Die Stimmen des Urwaldes ertönten aus der Ferne. Die Nacht der Tropen senkte sich über die Insel.
Sie hielten Ausschau nach einem geeigneten Rastplatz. Da trat plötzlich aus dem Schatten ein Knabe hervor. Seine Hautfarbe hatte ein helles Braun. Lange Wimpern beschatteten die dunklen Augen. In dem lockigen schwarzen Haar trug er ein Blumenband. Natalie schaute ihn lange Zeit an. Und wieder sah sie in Muckerls Augen. Doch er stellte sich mit „Kassiano" vor.
Er führte sie zu einer Hütte aus geflochtenem Bambus. „Hier schlagen wir unser Lager auf", erklärte er ihnen. „Bei Sonnenaufgang führe ich euch zu den Zimtgärten."
Die Nacht verging. Beim ersten Morgengrauen weckte sie der Gesang eines Vogels. Die Morgendämmerung war bereits hereingebrochen. Das Licht der letzten Sterne erlosch. Langsam erhellte sich im Osten der Himmel. An den Palmblättern der Hütte hingen silberne Tautropfen.
Kurze Zeit später, als der Sonnenball sich über dem Meer erhob, ließen sie sich von Kassiano führen. Sie drangen ins Innere der Insel ein und gelangten in einen herrlichen Tropenwald, einen Urwalddschungel. Riesenbäume, die mit durcheinandergewachsenen Luftschlangen der Lianen eng miteinander verbunden wa-

ren, wechselten sich mit dem tropischen, undurchdringlichen Blättergewirr ab. Große Pfeffervögel flüchteten aus den Baumkronen. An den toten Baumstämmen kletterten die wilden Orchideen empor. Überall raschelte es. Bunte Vögel flogen von Ast zu Ast, dazwischen gaukelten Schmetterlinge in den buntesten Farben. Sie stiegen eine sanfte Anhöhe hinauf. Der düstere Urwald lichtete sich.

Sie durchquerten einen grünschimmernden Tümpel und erreichten eine weite Ebene, bewachsen mit üppigem Gras und vielen seltenen Sträuchern. Dazwischen standen jede Menge Zimtbäume mit langen, glänzenden Blättern. An den Zweig leuchteten kleine weiße Blüten und lilaschwarze Beeren.

Ein leiser Wind wehte durch die Zweige und ein zarter Duft strömte von diesen Bäumen aus. Das stille Rauschen klang wie zarte Musik, wie die Klage einer Geige oder wie das leise Schluchzen einer Nachtigall. Und inmitten dieser Plantage stand ein festlich gedeckter Tisch, auf dem herrlich duftende Zimtsterne lagen. In einem Glaskrug perlte ein erfrischender Apfelpunsch, mit Zimt und Nelken gewürzt.

„Seid meine Gäste in dieser bescheidenen Plantage. Eßt und trinkt!" forderte Kassiano sie auf. Sie ließen sich nicht lange bitten und genossen die herrlichen Kostbarkeiten. Dabei erzählte ihnen Kassiano die Geschichte der Zimtbäume.

„Früher", begann er mit Wehmut in der Stimme, „wohnten hier glückliche Menschen. Denn hier gab es den größten Gewürzgarten der Welt. Für die Menschen waren all diese Bäume ein Geschenk der Götter. Sie nannten diesen Ort ‚Garten der heiligen Bäume'. Und während der Blütezeit durfte kein Lärm in der Nähe dieser Bäume gemacht und kein Feuer entfacht werden, sonst gäbe es ein großes Unglück und die Bäume würden keine Früchte mehr tragen. Ja", seufzte Kassiano, „die Menschen waren glücklich in dieser Weltabgeschiedenheit. Die Natur bot ihnen alles, was sie zum Leben benötigten. Nie vergaßen sie, den Göttern zu opfern, doch sie wurden nicht erhört."

Kassianos Stimme klang wehmütig: „Den Inselvölkern hat der Zimt

genauso wie der Nelkenbaum nur Unglück gebracht. Die Portugiesen und die Holländer stritten sich um das Monopol. Sie rotteten fast alle Bäume aus. Die fruchtbaren Zimt- und Nelkenbäume wurden einfach vernichtet." Nach einer kurzen Pause fuhr er fort: „Die Geschichte der Gewürze ist geheimnisvoll und führt zurück zu den ältesten Zivilisationen. Auf der Suche nach Gewürzen wurden ganze Kontinente entdeckt, Imperien gegründet und Völker zerstört. Gewürze haben einen Hauch von Legende. Und damals waren Gewürze so selten wie Gold und genauso wertvoll." Es entstand eine Pause. „Heute werden Gewürze überall in der Küche verwendet und können in jedem Supermarkt preiswert erstanden werden." Und mit den Worten: „Und nun wünsche ich euch einen angenehmen Aufenthalt im Land der Gewürze" beendete er seinen Bericht. „Habt ihr sonst noch Fragen?"
„Ja", meinte Natalie. „Eine Frage hätte ich noch. Wer bist du wirklich? Ist dein Name Raffino, Muskato oder Kassiano?" Er lächelte geheimnisvoll. „Was bedeutet schon ein Name? Ich bin wie ein Schatten und führe dich durch deinen Traum."
Er ging mit ihnen zu einem seltsamen Gebäude, aus Holz und Wurzeln errichtet. Das Dach bestand aus dünnen Baumstämmen, die mit Bambus und Palmblättern verkleidet waren. Und direkt vor dem Eingang stand auf einer Holztafel: „Bitte anklopfen". Auf ihr Klopfen erhielten sie keine Antwort, jedoch das Tor sprang von alleine auf. Sie betraten eine Halle. Auf einem kaminähnlichen Vorbau stand ein Gefäß, in welchem Räucherstäbchen steckten. Diese glimmten und verbreiteten weihrauchartigen, süßen Geruch. An den Wänden hingen bunte Girlanden, mit Blättern, Farnen und Hibiskusblüten besteckt. Dann durchquerten sie eine Halle und gelangten in einen Garten.
Natalie kam aus dem Staunen nicht heraus. Dies war kein gewöhnlicher Garten. Bizarre Zwergtannen säumten einen Bachlauf, der über eine Bambusbrücke führte. Es war ein Märchengarten aus 1001 Nacht mit Limetten, Zitronen und Orangenbäumen, in dem herrlich bunte Pfauen umherstolzierten. Dann passierten sie ein Tor und gelangten über geheimnisvolle Pfade in einen anderen

Garten. Dort entdeckten sie einen Baum, der seine Zweige aus der Höhe wieder bis zum Boden hinabsenkte, um damit neue Wurzeln zu bilden. Es war der Heilige Banianbaum. Unter diesem Baum lagen bunte Federn, weiße Blumen, Gewürze und Knollenfrüchte aller Art.

„Wenn der Mond voll ist und der Nachtwind im Schilf weht und die Silbersterne leise die Zweige des Heiligen Banianbaumes berühren, dann steigen die Geister aus dem Wurzelgeflecht hervor", erklärte ihnen Kassiano. „Drum legt euch unter diesen Baum, damit die Göttin der Nacht euch in süße Träume versetzt. Und alles, was ihr euch wünscht, wird während dieses Traums in Erfüllung gehen."

Sie folgten der Aufforderung. In diesem Augenblick erschien ihnen Ikelossa, die Göttin der Träume. Auf dem Kopf trug sie einen Sonnenhut mit einem Dutzend runder, goldener Spiegel. Sogleich ertönten dumpfe Klänge, die sich mit dem Dröhnen von Trommeln vermischten. Angelockt durch den Ruf der Trommeln, erschienen getigerte Tänzer und ließen sich vor ihrer Göttin niederfallen. Dann sprangen sie wieder auf und tanzten und wirbelten nach den immer schneller und wilder werdenden Trommelwirbeln. Die Tigertänzer schrien auf. Unheimlich! Plötzlich hielten sie inne und überreichten ihrer Göttin einen Zweig aus Rotdorn. Wehmütige Töne von Bambusflöten ertönten. Kleine Tänzerinnen erschienen. Sie waren mit Perlenröckchen und Blumenketten geschmückt. Sie bildeten einen Kreis und begannen mit graziösen Bewegungen einen traumhaften Tanz aufzuführen. Dabei sangen sie mit Stimmen so zart wie die einer Nachtigall.

Ein Blumenmädchen überreichte der Göttin Ikelossa eine flache Schale, aus der unaufhörlich Rauchschwaden emporstiegen. Das Mädchen goß eine duftende Flüssigkeit in die Schale. Vollkommen unberührt klopfte Ikelossa mit den Fingern an die Wunderschale. Sogleich entstand ein Singen und Klingen. Harmonische Klänge umflossen die Träumenden. Die Atmosphäre war selber Licht, Duft und Musik. Alles läuterte sich zu einer Einheit.

Die Grenzen der Möglichkeit, das Maß des Raumes und der Zeit hörten auf. Alles war voll süßer Düfte und Harmonie. Selbst die Musik erschien in den wundervollsten Bildern, als bräche die Harmonie der Sphären in die Urkräfte der Töne ein. Im gedämpften Licht des fahlen Mondscheins, das durch die Zweige des Banianbaumes drang, leuchtete das Zauberwasser. Als sie den Rotdornzweig in die Flüssigkeit tauchte, stiegen blaue Flämmchen, geisterhaft leuchtend, aus der Schale empor. Die Zweige fingen zu wachsen an und breiteten sich zu einer wunderschönen Laube aus. Ein Vogel hob zu singen an, erst zögernd, doch dann immer ungestümer und heller. Natalie horchte demütig der herrlichen Vogelstrophe. Es klang wie ein Geheimnis, so, als würde er eine uralte Märchenmelodie verkünden.

Auf dem Boden breitete sich ein leuchtender Teppich aus. Als sie den Teppich betraten, schwebten sie auf einer märchenhaften bunten Wolke, die sie bis zu den Feengärten trug.

Gartenfest bei der Kräuterfee

Es gab nur ein Tor in dieser Hecke, und das war schon ewig nicht benutzt worden. Das vergoldete Gitter war vor lauter Gras und wilden Blumen kaum zu sehen. Sie passierten dieses Tor und gelangten durch eine Zypressenallee in den Feenkräutergarten. Als sie den Hauptpfad verließen, bildeten Buchsbaumhecken einen Irrgarten. Sie liefen immer tiefer in den Irrgarten hinein.

Aber kaum kamen sie aus dem Irrgarten heraus, da ragten viel hundertjährige Platanen vor ihnen empor. Schwellende Moosteppiche breiteten sich vor ihren Füßen aus. Mondlicht durchdrang nur gelegentlich die dichten Blätter. Seltsame Schatten tanzten vor ihnen her.

Leise Klänge schwirrten durch die Luft. Ein rotbrauner Vogel flog dahin. Er entfaltete seine Schwingen hoch über den Wipfeln der uralten Bäume. Seine Stimme klang schöner als alle Harfen der Welt. Es war der Weihnachtsvogel. Er flog ihnen voraus, und ein paar Augenblicke später folgten sie einem Pfad aus bunten Kieselsteinen.

Und dann, ganz am Ende dieses Weges, hinter einer mit Efeu bewachsenen Sandsteinmauer, vernahmen sie das Geräusch von plätscherndem Wasser. Plötzlich öffnete sich ein Vorhang aus Efeuranken. Die Kräuterfee, eine ältere Dame mit weißem Haar und sanften braunen Augen, trat hervor. Die Ähnlichkeit mit Babuschka fiel Natalie sogleich auf.

„Willkommen im Reich der Feenkräuter“, begrüßte sie ihre Gäste. „Ich habe euch bereits erwartet. Seht!“ Ihre Hand wies in die Ferne. „Dort, wo sich gegen den blauen Himmel die Bergwälder abzeichnen, liegen die Kardamomplantagen.“

Sie folgten der Kräuterfee über geheimnisvoll verschlungene Pfade zu einer dunklen Erlenschlucht, durch die einsam im Schatten alter Bäume ein Bach floß. Sie erreichten eine Höhle, die sich am Hang eines Felsenberges befand. Der Stamm einer gewaltigen Ulme, der geborsten war, brach dunkel und mächtig neben dem

Felsblock aus dem Erdreich hervor. Hier war es schön und unheimlich zugleich.
„Dieser Eingang zur Feengrotte ist auch am Tage für jedes Auge unauffindbar, denn es ist dem Waldboden und Erdgestrüpp angeglichen", erklärte ihnen die Fee. „Man gelangt nur durch die Äste einer uralten Ulme, deren Stamm dicht mit Efeu umrankt ist, hinein. Von hier aus kann man weit über das Land hinausschauen."
Ein wunderbarer, leichter Duft, wie ein Hauch aus Freudentaumel und Schwermut zugleich, erfüllte die Luft. Vor ihnen lagen romantische, gartenähnliche, in Terrassen aufgeteilte Felder. Dort wuchsen unter tropischen Bäumen seltene Kräuter. Eine herrliche Stille umgab sie.
„Es ist nicht leicht", flüsterte die Fee, „den Stimmen der Natur zu lauschen. Doch wenn man mit Andacht lauscht, ist es ein Zustand wie in einem Traum. Doch es ist ein Traum mit wachen Augen."
„Aus dem ich niemals erwachen möchte", fügte Natalie hinzu. „Ja", entgegnete die Fee. „Nur hier in der Stille klingen die verborgenen Stimmen. Und man spürt, daß die Pflanzen und Kräuter nicht nur duften. Nein, man spürt durch ihren Duft, der unsere Sinne berauscht, die Offenbarung einer verborgenen Welt. Es ist nicht die Welt der äußeren Erscheinungen, es ist ein Blick ins Innere unserer Seele."
Die Fee ergriff Natalies Hand. Feierlich streifte sie ihr einen Diamantring, der eine zu Stein gewordene blaue Blume in sich verbarg, über ihren Finger.
„Gehe wie ein Stern am Himmel auf und durchdringe die Schwärze der Nacht", flüsterte sie geheimnisvoll. „Wann immer du dich in Gefahr befindest, so berühre diesen Ring. Und die bösesten Geister können dir keine Gewalt antun." Den Klang ihrer Stimme dämpfend, fuhr die Fee fort. „Mit der geheimnisvollen Kraft dieser Blume kannst du das Finstere vernichten und das Licht heraufbeschwören. Jedoch bleibt die Kraft der blauen Blume jedem verschlossen, der sie mit mathematischen oder naturwissenschaftlichen Zeichen und Formeln ergründen will. Der Zauber, der von dieser Blume ausgeht, kann niemals erkannt, sondern nur emp-

funden werden. Darum richte den Blick nach innen. Wo immer ein Mensch diese Kraft erlebt und seine Demut vor ihr bekundet, begreift er, daß die Urformel des Glücks nicht im Menschen, sondern in der Schöpferkraft liegt.
Denn nicht die blaue Blume selbst bewirkt diesen Zauber, sondern die Erinnerung an genossenes Glück. An einen Traum, in den dich dieser Talisman beim Betrachten entführt. Dieser Ring", fuhr die Fee mit leiser Stimme fort. „verbirgt einen Edelstein von solcher Schönheit und so hohem Glanz, von solchem Feuer, daß mancher Mensch ihn nicht ansehen kann, ohne daß sein Herz mit Entzükken, aber auch mit Habsucht erfüllt wird. Dieses tausendfältige Glitzern kann dein Gemüt in einen schimmernden Traum der ewigen Heiterkeit, aber zugleich auch in die irdischen Fesseln der Schwermut entführen."
Ihre Worte verhüllten Natalie wie ein Zauberschleier.
„Doch wenn der Wind den Geruch der wilden Rosen aus dem Gebüsch zu dir trägt, spätestens dann erkennst du, daß der Reichtum dieser Welt nicht in leblosen Steinen liegt." Die Augen der Fee verirrten sich ins endlose Himmelsblau. Und mit einem Lächeln, das sie weit mit sich fortzutragen schien, fuhr sie fort:
„Vergiß das Beste nicht! Denn immer wenn du einen blühenden Rotdornbusch betrachtest, zu den Sternen blickst oder eine kleine blaue Blume bewunderst, du siehst immer in die Natur. Und immer wenn du das Zirpen einer Grille oder den Gesang einer Nachtigall bewunderst, du belauscht immer die Stimme der Natur. Und wenn du hinter das Geheimnis all dieser Dinge kommen möchtest, du befragst immer die Natur."
Es entstand eine Pause. Mit eindringlicher Stimme fuhr sie fort.
„Nur die bedingungslose Hingabe zur Natur kann dein Herz erfreuen. Und dein Herz sagt dir, daß hinter all den Werken der Natur sich eine Schöpferkraft verbirgt. Denn wer sich ernsthaft mit der Natur beschäftigt, findet stets neue Wunder, selbst dort, wo man sie am wenigsten vermutet. Drum vergiß das Beste nicht!"
Die Fee führte Natalie zu den Kräuterterrassen. Die herrlich reine Luft ließ die Blätter und Blüten lebhafter und farbiger erscheinen.

Sie fügte dem Weiß und Blau feurige Töne bei.
„Denn siehe", fuhr die Fee mit leiser Stimme fort. „Leuchtet dieser Garten nicht üppiger als alle Smaragde und Rubine der Welt? Die Kardamompflanzen bringen leuchtend weißblaue Blüten hervor, so zart wie Schmetterlingsflügel. Und spürst du nicht den wunderbaren, leichten Duft, der an all die Verheißungen des Morgenlandes erinnert?"
Auch dieser Traum aus dem Feenreich neigte sich dem Ende zu. Die Konturen der Berge standen flimmernd in der Luft. Die Abendröte breitete sich über die Kardamomfelder aus. Mit einem Korb frisch geernteten Kardamoms machten sie sich auf den Heimweg. Ein schmaler, gewundener Pfad, der sich im tiefen Grün eines Pinienwaldes verlor, führte zu einem Gartenpavillon. Davor standen lange Reihen von Zypressen und exotischen Sträuchern. Kräuterbeete, mit Ringelblumen und Geranien eingefaßt, säumten den Weg. Unter den exotischen Bäumen standen steinerne Bänke, umgeben von wilden Blumen und Gräsern. Und Rosen gab es hier, prächtige Exemplare mit dicht gefüllten Blüten und intensivem Duft. Goldlack blühte hier in orange, gelb und dunkelrot. Daneben wilde Stiefmütterchen und Maßliebchen.
Der Garten strömte Geborgenheit aus. Sie gingen über schmale Kieswege mitten hinein in die Welt der Düfte. Einige Beete waren eingefaßt mit uraltem Immergrün und Lavendel.
Sie gingen durch ein geheimnisvolles Tor, es war umrankt von wilden Rosen. Über eine Steintreppe gelangten sie in eine märchenhafte Zauberwelt. Es war ein mit verschwenderischer Pracht ausgestatteter Garten.
Zwei emporstehende Zypressen glichen einem romantischen Tor. An den vergoldeten Gittern hingen Blattpflanzen und Blütengewächse aller Art. Eine Palme breitete ihre zierlichen, feingliedrigen Wedel über blühende Orchideen aus.
Der Garten war erfüllt vom Gesang der Vögel, vom Raunen goldener Brunnen. Die hübschen Fontänen dieser Brunnen, die Blumen und Rosenbögen verliehen ihm eine Atmosphäre voller Poesie und Melancholie.

Hoch über dem Garten wachten auf Marmorsäulen die Statuen zweier Göttinnen. Pomona, die Göttin der Gärten und der blühenden Bäume. Und Hebe, die Göttin der Jugend.
„Alle Herrlichkeit der Gärten kommt und geht wie die Gezeiten, lautet die Botschaft dieser Göttinnen“, erklärte ihnen die Fee. „Von solcher Art sind auch die Lilien auf dem Felde.“ Sie zitierte folgenden Bibelvers:

„Schaut die Lilien auf dem Felde an, wie sie
wachsen ... Ich sage euch, daß auch Salomo in
all seiner Herrlichkeit nicht gekleidet ist
wie eine von ihnen.“ (Matthäus 6:28-29)

„Doch die Pracht ist vergänglich. Das gilt nicht nur für die Lilien, sondern für alle Blumen auf dem Felde. Es kommt zu einem Werden und Vergehen in schneller Folge. Sie verblühen so rasch wie ein Sommertraum. Und wie einzigartig und glutrot in ihrer Schönheit erscheint uns die Mohnblume. Nimmt man aber eine Blüte davon in die Hand, merkt man, wie empfindlich sie ist. Und sie hat nur eine Lebensdauer von wenigen Tagen.
Die Blumen erinnern uns daran, daß auch unsere ‚Blütezeit' von kurzer Dauer ist. So scheint es auch durchaus passend, sich der Predigt Salomos zu erinnern.“ Und sie zitierte:

„Freue dich deiner Jugend, ehe Alter und Tod kommen.
Freue dich deiner Jugend und laß dein
Herz guter Dinge sein in deinen jungen Tagen.
Tue, was dein Herz gelüstet und deinen Augen gefällt;
aber wisse, daß dich Gott um das
alles vor Gericht ziehen wird.“ (Prediger 12:1)

Mitten in diesem duftenden Garten, unter Girlanden der Sterne, tanzten zwei Elfen zu Geigen- und Flötenmusik. Und am Ende des Gartens stand ein Springbrunnen. Er war stellenweise mit grünem Moos bedeckt. Und in der Mitte des Brunnens stand ein Engel

und blies eine Posaune. Ein leuchtender Wasserstrahl ergoß sich über seine Flügel. Natalie schaute den Engel lange Zeit an, als sähe sie etwas, was so kostbar war, daß es nur in ihrer Vorstellung existieren könnte. Sie sah Muckerl. Und ein Wasserstrahl stieg in die Luft und verwandelte sich im Licht der untergehenden Sonne zu bunten, funkelnden Punkten.
Die Nacht hüllte diesen Feengarten in einen Sternenmantel.
Und der Weihnachtsvogel sang. Immer wieder sang er die gleiche Strophe, die so feierlich klang wie ein melancholisches Weihnachtslied. So konnte nur die Nachtigall singen.

„Die du wohnst in den Gärten,
laß mich deine Stimme hören;
die Gefährten lauschen dir.“
(Das Hohelied Salomos 8:13)

König Schio Kolade

Und nun begann das Fest in dem herrlichen Kräutergarten. Grillen und Zikaden spielten die schönsten Melodien. Leuchtkäfer flogen wie Laternen umher. Nachtfalter schwirrten durch die Luft. Um Mitternacht begann ein fröhlicher Reigen, angeführt von Elfen und Faunen. Als Traumulus sich auf die Tanzfläche wagte, da konnten sich alle vor Entzücken kaum fassen. Denn nun wogte und wallte der Kreis durcheinander.
Als im Osten ein rötlicher Schimmer den anbrechenden Morgen ankündigte, schlug hiermit die Stunde des Abschieds. Für Natalie war sie viel zu früh gekommen.
„Geht bis zum Ende des Gartens“, verabschiedete sich die Fee. „Dort steht ein alter, hoher Baum. In seinem Stamm ist ein großes Loch. Geht hindurch und ihr werdet eine kleine Wiese mit den herrlichsten Früchten vorfinden.“
Vorsichtig krochen sie nacheinander durch den morschen Baum und gelangten an eine kleine Lichtung. Von Birken umsäumt und von einer Quelle durchrieselt, breitete sich hier ein Wiesengrund aus. Dort wuchsen wilde Erdbeeren.
Es war ein unbeschreiblich heller Frühlingsmorgen. Die Wiese glitzerte im Glanz des Morgentaus. Über den blauen Sternen des Leberblümchens sang eine Grasmücke. Sie war ganz in ihr Lied versunken.
Sie fanden einen Rastplatz im hohen Gras unter einer Birke und ließen sich die herbsüßen Erdbeeren schmecken. Der Wind spielte mit den langgestielten Birkenblättern und schüttelte sie durcheinander. Plötzlich fuhren sie mit einem Ruck in die Höhe. Ein durchdringender Schrei lockte sie aus ihrem Erdbeerparadies.
Sie durchquerten ein Maisfeld und gelangten auf einen Weg, der sich durch verworrenes Dickicht schlängelte. Ein seltsames Knakken hemmte ihre Schritte. Sie schauten sich um und sahen einen roten Baumkobold. Pfeilgeschwind glitt er an einem Baumstamm empor. Dann wendete er plötzlich und verschwand hinter dem

Stamm. Er tauchte aber ebenso schnell wieder auf. Dabei rief er mit krächzender Stimme: „Schio Kolade, Schio Kolade.“
„Das heißt sicher, folgt mir“, meinte Mannehme. Und nun begann eine tolle Jagd. Bald hier, bald da erscholl das „Schio Kolade“, und hier und da tauchte der Kobold wie ein Irrlicht auf. Immer nur für ein paar Augenblicke, um dann blitzschnell wieder zu verschwinden. Minutenlang dauerte die Hetzjagd.
Ganz erschöpft sanken die Freunde unter einem Baum nieder. In diesem Augenblick sahen sie, daß lauter Kakaobohnen an den Zweigen hingen. Gerade, als Mannehme nach einer reifen Bohne griff, kam aus den dichten Zweigen ein grüner Kobold hervor. „Ihr undankbares Gesindel!“ fauchte er sie an. „Ihr habt unbefugt die Zone 20° südlich des Äquators betreten. Das Hoheitsgebiet von König Schio Kolade. Und noch viel schlimmer. Die schönste Frucht habt ihr vom Schokoladenbaum gepflückt.“
„Verzeihung“, entschuldigte sich Mannehme. „Wir sind untröstlich. Es war nicht unsere Absicht.“
„Also gut“, zeigte sich der Kobold versöhnlich. „Wir sind gerade mitten in der Kakaoernte. Da können wir jede Hilfe gebrauchen. Und ein Lastesel kommt uns gerade recht.“
Er führte sie zu einer Plantage. Dort standen im Schatten von Bananenstauden viele hundert Kakaobäume.
Weitere Kobolde kamen aus den Bananenstauden hervor. Dann erschien, schniebend und schnaubend, König Schio Kolade. Sein Gesicht war schokoladenbraun. Auf dem Kopf trug er eine ziemlich zerzauste Perücke. Sein scharlachroter Umhang war mit vergoldeten Kakaobohnen verziert. Minutenlang sah er Traumulus an.
„Wie außergewöhnlich, ein Esel mit Flügeln!“
„Sehr außergewöhnlich“, krächzte der rote Kobold. „Wir werden sie ihm abnehmen. Sie sind nur ein Hindernis beim Bepacken seines Rückens.“ Mit diesen Worten riß er Traumulus die Flügel aus. Traumulus versuchte zu fliehen. Doch da brachen die Beine unter ihm zusammen. Er sank zu Boden. Mühsam erhob er sich wieder. Da brach der Kobold in ein gellendes Gelächter aus. „Siehst du, mein Eselchen, es geht nicht. Du tust besser daran, dich in das

Unvermeidliche zu fügen. Du bleibst hier und verrichtest deine Arbeit."
„Seid ohne Sorge", ergriff nun der König das Wort. „Nach der Ernte werde ich euch alle wieder entlassen."
Natalie entwickelte einen Plan, denn sie hatte ja noch einen Trumpf in der Hand. Im Rucksack befand sich Melissas Zaubermittel Gelee royale. Doch der böse Kobold konnte Gedanken lesen. Er forderte Natalie zur Herausgabe ihres Rucksacks auf. „Den werde ich für dich aufheben", grinste er hämisch.
Natalie weinte bitterlich. Doch als sie sah, daß sie mit ihren Tränen nur neuen Anlaß zur unbändigen Grausamkeit bot, beschloß sie es zu lassen.
Sie war unbeschreiblich traurig. Was sollte nun werden? Die Zeit verging nur langsam. Nachts fand sie auf ihrem einsamen Mooslager keine Ruhe, keinen Schlaf. Sie war allein. Traumulus und Mannehme teilten ihr Nachtlager mit den Kobolden.
Jeden Morgen schallte der laute, gebieterische Ruf des Jagdhorns durch die Dämmerung. Ein wildes, aggressives Mahnen weckte die Plantagenarbeiter.
Nun zogen sie aufs Feld hinaus. Jeder von ihnen erhielt ein Pflückmesser und eine Machete. Mit dem Pflückmesser holten sie die reifen Früchte von den Kakaobäumen. Dann schlugen sie die reifen Früchte auf und lösten die Bohnen heraus.
Am Abend mischte sich ein schrillendes Pfeifkonzert, verursacht von den Kobolden, in den Hörnerklang. Das war das Zeichen zum Endspurt. Mit Bananenblättern wurden die geernteten Früchte abgedeckt. Als das Fruchtfleisch zerfiel, entwickelte sich ein herrliches Schokoladenaroma. In der Sonne wurden die Kakaobohnen getrocknet. Nach dem Trocknen wurden sie in Säcke gefüllt.
Nun begann eine schwere Zeit für Traumulus. Auf seinem Rücken lag die Last der schweren Säcke, die er auf die Farm von König Schio Kolade beförderte.
„Habt Erbarmen mit Traumulus", bat Natalie. Jedoch der rote Kobold kannte kein Erbarmen. Es sah aus, als ob die häßliche Fratze des bösartigen Ungeheuers heimlich lächelte. Nichts war be-

ängstigender für Natalie, als nicht in der Lage zu sein, die blitzartigen Bewegungen des roten Kobolds, die wie Pfeile aus dem Hinterhalt abgeschnellt wurden, mit den Blicken zu verfolgen.
Die Stille am Abend machte alle Dinge noch merkwürdiger. Sie sah hinauf auf die reglosen Formen der Zweige in der Dämmerung. Trauriger kann das Leben nicht mehr werden, dachte sie. Ihr war zumute, als müßte ein Wunder geschehen.
Es mochte nach der Zeitrechnung im Lande von König Schio Kolade kurz nach Mitternacht sein. Da wurde Natalie plötzlich von einem wirbelnden Gesang überrascht. Eine Liedstrophe von geballter Kraft, mit rasch zunehmender Tonstärke und eigenwillig aufwärtsschlagendem Schlußton, zerriß die Stille der Nacht. Es klang wie ein silbernes Läuten und gleichzeitig wie ein jauchzendes Schlagen. Das ging eine ganze Weile so. So durchdringend vermochte kein anderes Geschöpf auf der ganzen Flur singen, flöten und jubilieren. Es konnte nur die Nachtigall sein.
Betört von der Freude und dem hellen Gesang in der Morgendämmerung, vergaß Natalie für eine Weile ihre Gefangenschaft. Tief erregt hörte sie ihre Freunde rufen: „Der Weihnachtsvogel singt wieder!"
Es war die Zeit vor dem Morgengrauen, da tauchte ein heller Streif im Osten als Vorbote für eine neue, hoffnungsvolle Zukunft auf. Und bald darauf erschien König Schio Kolade persönlich. „Ihr habt recht gut gedient. Ich gedenke daher mein Wort zu halten. Geht also!"
„Ich möchte meine Flügel zurück", protestierte Traumulus. Da stand plötzlich der rote Kobold vor ihnen. Und es erscholl ein Hohngelächter, so laut und durchdringend, als käme es aus der Kehle eines Löwen. Er schwenkte die Flügel in die Höhe.
„Die gehören mir!"
„Und was ist mit meinem Rucksack?" rief Natalie mutig.
„Den kannst du meinetwegen zurückbekommen", kicherte er. Natalie nahm ihren Rucksack entgegen. Heimlich holte sie die Honigbonbons hervor. „Hier, iß", flüsterte sie Traumulus zu.
Und sogleich wuchsen ihm Flügel, schöner und kräftiger als zuvor.

„Aufsitzen!" rief Natalie. Und mit mächtigem Flügelschlag erhoben sie sich mit Traumulus in die Luft, warfen noch einmal aus der Höhe einen Scheideblick auf die Kakaoplantage und flogen dann brausenden Fluges davon, weit über Täler und Höhen und landeten endlich mitten im Weizenfeld.

„Was ist schöner als ein Kornfeld,
wenn die Ähren, welche Wonne,
goldig glänzen in der Sonne
und ein Halm den andern hält?

Was ist schöner als ein Kornfeld,
wenn in rot und blau dazwischen
Mohn- und Kornblumen sich mischen
in dem gelben Ährenfeld?

Was ist schöner als ein Kornfeld,
wenn sich Lerchen hoch erheben,
mit Gesang darüberschweben
bis zum blauen Himmelszelt?

Was ist schöner als ein Kornfeld,
wenn der Wind wie Meereswellen
leicht umweht die schlanken,
hellen Halme in dem Ährenfeld?"

Kakao

Bilwitz, der Roggenwolf

Unter der brütenden Sonne wogten die goldgelben Halme im Wind. Auch die Kornraden machten die trägen Bewegungen der ährenschweren Halme mit. Ein Hase hoppelte über den Feldweg. Überall war das Lied der Lerchen zu hören.
Im herrlichen Kontrast mit dem Sonnengelb leuchteten die Mohn- und Kornblumen ringsumher. Hin und wieder sah man roten Klee und den blauen Feldrittersporn. Sie alle mischten der eintönigen Grundfarbe bunte Tupfer bei. Mit einer Standhaftigkeit ohnegleichen blühten all die wilden Blumen mitten im Kornfeld.
Die echte Kamille fiel neben all den prächtig blühenden Feldblumen gar nicht auf. Doch auch wenn man diese Pflanze nicht sah, wurde man bald von ihrem durchdringenden Duft zur Aufmerksamkeit gezwungen.
Ein flimmerndes Glänzen und Leuchten über dem Weizenfeld kündigte das baldige Reifen des Korns an. Der Wind strich darüber hinweg und ein sanftes Wogen ergriff das goldene Meer. „In jeder Ähre von heute steckt das Brot von morgen", sagte Mannehme.
Die Sonnenstrahlen durchglühten das Ährenfeld. Bisweilen wurde es von einem warmen Sommerwind angeweht. Und so erlebte Natalie, wie innig nicht nur der Mensch, sondern auch die Ähren mit der Luft und dem Licht verbunden waren. Sie hatte das Empfinden, als würden die lichtvollen Sonnenkräfte in ihre Seele einziehen. Dabei verspürte sie die Lust, ein paar Kornblumen zu pflükken. Erinnerungen an Babuschkas Kinderlied von der Roggenmuhme wurden in ihr wachgerufen.

„Laß stehn die Blume!
Geh nicht ins Korn!
Die Roggenmuhme
zieht um da vorn!

Bald duckt sie nieder,
bald guckt sie wieder:
sie wird die Kinder fangen,
die nach den Blumen langen."

Und dann bemerkten sie noch ein malerisches Unkraut. Es war der lilagetönte Ackersenf. Gleich daneben die langstielige, mit purpurroten Blüten versehene Kornrade. Auch das zinnoberrote Adonisröschen blühte hier.
„Auf den ersten Blick wirkt es wie eine zu kleingeratene Mohnblume", meinte Mannehme.
„Der Sage nach entstand die Adonis aus einem Blutstropfen. Dieses Blutströpfchen vergoß der Geliebte der Aphrodite, als er sich beim Kampf mit einem wilden Eber verletzte." Ein sanfter Sommerwind kam auf, und Mannehme fuhr fort mit seiner Erzählung. „Der römische Dichter Ovid schrieb über die Blume, daß die Blüte flüchtig wie das Leben des Adonis sei und bald vom Winde verweht würde."
Zwischen den tiefgelben Weizenhalmen leuchtete eine große purpurrote Schmetterlingsblüte, die wohlriechende Ackererdnuß, die einen angenehm nußartigen Geschmack hatte. Doch am auffälligsten waren die leuchtenden Mohnblumen, deren einschläfernde Wirkung nicht ohne Folgen blieb. So webten die kosmischen Kräfte der Sonne zusammen mit den Elementen der Erde und der Mohnblumen im Weizenfeld ein urbildhaftes Traumgebilde.
Plötzlich zog ein Laut wie schweres Donnern durch die Kornfelder. Vor Schreck erhoben sich die Freunde von ihrem Lager. Durch den lärmenden Wind drang ein Grollen. Es war, als hätten sich alle Gewitter der Welt hier ein Stelldichein gegeben. Der Himmel brannte und der Donner dröhnte. Und wie ein Lichtblitz kam eine leuchtend gelbe Gestalt auf sie zu.
„Ich bin Demetus, der Weizengeist, Herr und Gebieter aller Kornfelder und aller Kornblumen, die hier wachsen und die ihr ja achtlos zertretet, als hätten sie kein Gefühl, wie ihr ja alles verachtet, was unter euch steht."
„Wir sind untröstlich", entschuldigte sich Mannehme. „Es war nicht unsere Absicht, die Halme zu zertreten. Für uns war es eine Notlandung."
„Eure Entschuldigung nützt euch nichts. Denn ihr habt meine Zauberblume zertreten. Nun habe ich keine Macht mehr über

Bilwitz, den Roggenwolf. Er mißgönnt allen Menschen den Segen der Felder."
Und plötzlich begannen sich die Halme wie im starken Windhauch zu bewegen. Durch die Ähren zog ein Laut wie schweres Seufzen. Es begann zu rauschen, und das grauenhafte Heulen eines Wolfes war zu hören. Im Flackerlicht der Blitze wurde eine Gestalt sichbar. Und sie sahen ein gelbes Untier mit feurigen Augen, das sie tückisch anblinzelte. Es sträubten sich seine Nackenhaare. Es schlug mit dem Schwanz über die Ähren und gebärdete sich wie toll.
Es fuhren Blitze herab und der Donner grollte. Da legten sich, vom Sturm gejagt, die angstvoll wogenden Kornfelder. Und es entstanden große Gassen im Weizenfeld. Die Ähren waren in der Mitte geknickt und vergruben ihre Spitzen in den Boden. Es sah aus, als sei eine breite Walze darüber hinweggegangen.
Mit einem krächzenden „Ia" und kräftigem Flügelschlag gelang es Traumulus, den Feind in die Flucht zu schlagen. Da raschelte es im Weizenfeld. Gleich darauf lugten kleine graue Männchen mit roten Mützen hinter den Halmen hervor.
„Ihr seid schuld an unserem Unglück!" riefen sie erbost.
„Aber nein", versuchte Mannehme zu schlichten, „so schlimm ist es doch gar nicht gekommen. Traumulus hat dieses Untier durch seinen mutigen Angriff in die Flucht getrieben."
„Das ist wahr", meinte eines der Männchen und zeigte zum Himmel. „Seht ihr, wie schwarz es da heraufzieht? Also auf, ihr Leute, sonst verschlaft ihr noch die Erntezeit."
Und nun traten sieben Männchen mit der Sense aus dem Korn. Monoton erklang das singende Streichen über das Getreide. Und mit rauschenden Hieben schlugen sie das schräg geneigte Korn. Sieben weitere Männchen rafften die losgeschnittenen Halme von der Erde, zogen ein paar heraus und banden sie um das Bündel. So entstand die erste Garbe dieser Weizenernte.
Doch Bilwitz gab sich nicht geschlagen. Er schloß einen Pakt mit der Kornhexe. Siebenmal fuhr die Kornhexe, einen Zauberspruch murmelnd, über das Feld. Und genau sieben Halme bekamen

schwarze Körner. Es waren nachtschwarze Tollkörner. Und die Halme wurden groß und dunkel und senkten ihre Häupter tiefer hinab.
Während die Sensen weiter ihre Bahnen durchs Ährenfeld zogen, berührte Natalie den Ring an ihrem Finger. Ohne sich ihrer Zauberkraft bewußt zu werden, flüsterte sie leise: „Hoffentlich wird es eine gute Ernte.“ Im gleichen Augenblick ließ sich eine regenbogenfarbige Lichtkugel aufs Ährenfeld nieder. Spiralenförmig wurden sieben Halme aus der Erde gerissen und von einer Windbö in die Lüfte getrieben. Und hinunter fielen siebenmal sieben schwarze Körner. Und diese schwarzen Tollkörner konnten die Weizenernte nicht mehr gefährden.
Sie dankten der Weizenfee Odina, indem sie auf dem abgeernteten Feld ein Büschel stehenließen.
Bund um Bund wurde nun geschnitten, die Garben gebunden und wie Indianerzelte zu Stiegen aufgestellt. Auf dem Stoppelfeld breitete sich jetzt die Färberkamille aus. An den Feldrändern versuchten verspätete Hahnenfüße und einige Johannisblümchen den Kampf mit den rauhen Winden aufzunehmen.
Nun wurde gedrechselt und entkornt. Die Weizenkörner wurden in Säcke gefüllt und zur Mühle gefahren. Ein stampfendes Rollen verriet das Arbeiten im Mühlenhof. Es duftete herrlich nach Kleie und Mehl.
Und nun begann das Fest auf dem Stoppelfeld. Es wurde nach Herzenslust gespielt und getanzt. Als schließlich im Osten das Morgenrot den anbrechenden Tag ankündigte, schlug hiermit die Scheidestunde.
Sie gingen übers Stoppelfeld, passierten eine Birkenallee und standen plötzlich vor einer verfallenen Backsteinmauer. Sie war bewachsen mit wilden Weinranken, die sich weit über die Mauer hinabstürzten.
Hinter der Mauer befand sich ein verwilderter Garten. In der Mitte des Gartens stand ein baufälliger Holzschuppen. Eine knarrende Tür öffnete sich und eine alte Frau forderte sie auf, einzutreten.
In einer Ecke standen viele Körbchen mit seltsamen Kräutern und

Pflanzen. Starker Geruch strömte von ihnen aus. Die alte Frau trug die Kräuter zum Herd. Das Feuer flammte hoch empor, und es begann zu rauchen. Ein angenehmer Geruch verbreitete sich im Raum. Der Geruch der Kräuter wirkte betörend.
Dann zündete die alte Frau Kräuterstäbchen an. Eine bläuliche Wolke schwebte im Raum. Dichter und dichter wurden diese Wolken und sanken herab.
Nur langsam löste sich der Nebel auf. Und als die Sicht wieder einigermaßen frei war, war die Alte verschwunden. Auf der Anrichte stand eine Tonschale mit pulverisierten Kräutern und Pflanzen. „Das ist Pottasche", rief Mannehme begeistert. „Die nächste Zutat für meinen Lebkuchenteig."

Unkraut und Weizen

Die heutige Bodenbewirtschaftung beschert uns riesige Getreidefelder in denen kein Unkraut gedeiht. Dazu gehören leider auch die herrlichen Mohn- und Kornblumen. Ein Gleichnis aus dem alten Testament ist damit unverständlich geworden. Es ist folgendes Gleichnis: „Ein Bauer sät gutes Korn, doch mit ihm wächst auch das Unkraut, ausgestreut vom Feind. Mit Unkraut ist hier in Mathäus 13 der sehr giftige Lolch gemeint, der dem Weizen täuschend ähnlich sieht. Die Knechte des Bauern wollen das Unkraut ausreißen, doch der Bauer befiehlt: „Lasset beides miteinander wachsen bis zur Ernte; und um die Erntezeit will ich zu den Schnittern sagen: „Sammelt zu vor das Unkraut, und bindet es in Bündel, das man es verbrenne; jedoch den Weizen sammelt mir in meine Scheune.'''
(Matthäus 13:30)

Das Gleichnis bedeutet: Wenn Weizen und Unkraut gemeinsam geerntet und deren Körner zu Mehl vermahlen werden, ist das Mehl oft giftig und kann sogar zum Tode führen. Das Gleichnis bedeutet also: Wenn die Erntezeit gekommen ist, trennt Gott die Guten von den Bösen, damit die Gerechten nicht verloren gehen.

Hinter dem Rücken der Zwietracht
den Acker bestellen,
auch wenn Bilwitz schwarze Körner
unter die Saat mischt.

Denn das Leben schenkt niemandem die Früchte des Glücks, man muß sie schon selber aussäen.

Den Samen aufgehen lassen,
auch wenn Frost und Hagel
das Wachstum gefährden.

Denn die Hoffnung kann selbst schlechten Samen zum Leben erwecken.

Dem Klange der Sensen glauben,
auch wenn Melancholie die Töne
begleitet.

Denn trotze dem Schicksal und das Herz öffnet sich, wie die Pflanze dem Licht.

Ein Licht im Herzen tragen,
auch wenn die ganze Welt
im Dunkeln liegt.

Denn immer sind Freude und Melancholie Schwestern, Licht und Schatten Brüder.

Der geheimnisvolle Hirsch

Sie verließen den Garten und gelangten über unwegsames Gelände an einen kleinen Hügel. Bei näherem Hinsehen entdeckten sie, daß es sich bei dem Hügel um einen Schutthaufen handelte. Mauerreste und Grasplatten waren hier aufgetürmt.
Plötzlich vernahmen sie eine Stimme: „Geht nicht vorbei an diesem Hügelchen, denn es hat eure Beachtung verdient!"
In einer unscheinbar verstaubten Blume saß ein noch unscheinbareres kleines graues Männchen.
„Wer bist du?" rief Natalie erschrocken.
„Ich bin das Schottermännchen", erwiderte es. „Aber hütet euch. Ich bin zwar winzig klein, aber meine Macht ist groß." Mit einem gelungenen Sprung landete es direkt auf Traumulus' Rücken. „Es kann losgehen. Ich führe euch zur heiligen Eibe!" Zwischen den Lücken auf dem Schotterweg hatte sich Wegerich angesiedelt. Auch die Wegraute mit ihren gelben und das Eisenkraut mit seinen violetten Blüten fühlten sich hier wohl.
„Seht ihr", meinte das Schottermännchen. „All meine Pflanzen wissen nichts von der Pracht der Feengärten. Doch ihre wunderbare Art, wie sie die schwierigen Aufgaben der Natur, auch an einem solchen Ort, meistern, ist alle Anerkennung wert.
Diese Pflanzen sind wie ein Schatz, den man erst beim zweiten Hinsehen erkennt. Deshalb befolgt meinen Rat. Schaut niemals weg, sondern bewundert sie."
Endlich erreichten sie einen Platz mit einer jahrhundertealten Eibe. Wie ein knorriger Riese stand sie da.
„Hier, an der heiligen Eibe beginnt der Zauberwald", erklärte ihnen das Schottermännchen. „Rastet hier. Doch laßt euch durch nichts in den Zauberwald locken." Und mit den Worten: „Viel Glück!" verschwand es im Dickicht des Gebüsches.
Aufatmend ließen sich die Freunde unter der Eibe nieder. Erschöpft schliefen sie ein. Als sie erwachten, hörten sie es plötzlich rascheln und sahen einen weißen Hirsch, der sie unverhohlen anäugte. Als

sie nach seinem Gehörn blickten, sahen sie deutlich zwischen den Rosen kleine Diamanten funkeln. „Er will uns sicher führen", meinte Mannehme.

So schnell er gekommen war, genauso rasch war er wieder im Unterholz verschwunden. So flink wie sie konnten, eilten sie ihm nach. Nach einer Weile sahen sie ihn wieder. Doch nur so kurz, daß sie ihm kaum folgen konnten. Auf vielen Wiesen und Lichtungen sahen sie ihn äsen. Aber nur für Augenblicke. So wurden sie immer weiter in den Wald gelockt.

Endlich begann es Abend zu werden. Sie konnten sich kaum noch auf den Füßen halten, da wandte sich der Hirsch zu einer Stelle, wo der Wald lichter wurde. Er stand nur zwanzig Schritte weit von ihnen. Da verschwand er wieder.

Die Dämmerung sank. Sie befanden sich in einer ganz fremden Gegend. Sie setzten sich mißmutig ins Gras. Da sahen sie neben sich etwas Silbernes leuchten. Es war ein abgeworfenes Hirschgeweih. Kaum hatten sie es hochgehoben, da stand eine alte Frau mit Buckel und Hakennase vor ihnen. „Ihr wißt doch, daß ich dieses Geweih für mich beanspruche", sagte sie mit boshaftem Gelächter. „Ich zermahle es und mache Hirschhornsalz daraus. Von der besten Qualität, versteht sich."

„Schon gut", versuchte Natalie die Alte zu beschwichtigen. „Wir wollten dir nichts wegnehmen."

„Ach, mein Töchterchen", jammerte nun die Alte. „Ich bin zu schwach, um das Geweih zu transportieren. Wenn dein Esel mir die Last abnimmt, wäre ich dir ewig dankbar."

Als Natalie noch zögerte, meinte sie: „Ich werde euch gut belohnen."

„Also gut", ließ Natalie sich überreden. „Doch wir wollen keine Bezahlung."

Die Alte winkte mit der Hand und deutete an, daß sie ihr folgen sollten. Sie führte sie kreuz und quer durch den Wald.

Bald standen sie vor einer windschiefen Hütte. Der Zaun war mit Rüben besteckt, deren Aushöhlungen zu leuchten begannen, sobald sie in die Nähe des Hexenzaunes kamen. Drei Uhus flogen

mit leuchtend gelben Augen aus einer Luke empor und sprangen der Alten auf den Buckel.
„So“, sprach Natalie und bemühte sich, ein Beben in ihrer Stimme zu unterdrücken. „Hier hast du dein Geweih. Und nun leb wohl!“
„0 nein, mein Töchterchen“, sprach nun die Alte. „Ihr seid in meinen magischen Kreis geraten. Ihr bleibt hier. Dein Esel wird mir mit seinen Hufen das Horn zermahlen. Dein komischer Freund mit der Rührschüssel wird mir den Rübenteig rühren.“
Sie kicherte. „Ich, die Hexe Rübenkraut, besitze ein großes Zuckerrübenfeld. Aus dem Saft der Zuckerrüben, mit Zugabe von Schlafkräutern, entsteht ein Getränk, das junge, hübsche Burschen in Zauberrüben verwandelt.“ Sie klatschte in ihre spindeldürren Hände. „Und nun, mein Goldtöchterchen, wirst du dich in den Garten begeben und meine wilden Rüben zählen. Ich erwarte stündlich eine genaue Auflistung. Und wage es nicht, mir zu berichten, daß eine davon fehlt.“
Mißmutig begab sich Natalie aufs Rübenfeld. Sie zählte und zählte ohne Unterlaß. Sie mußte aber zu ihrem Verdruß feststellen, daß sich bei jeder Zählung die Anzahl verringerte. Da kam die Alte und brach in gellendes Gelächter aus. „Glaube mir, mein Töchterchen, du wirst es nie schaffen. Denn es handelt sich bei diesem Gemüse um Narrenrüben.“ Die Uhus auf ihrem Rücken blähten sich auf und klapperten vor Boshaftigkeit mit ihren Schnäbeln. „Uhu, Uhu, Uhu.“
Bitterlich weinend schlug Natalie die Hände vors Gesicht und berührte dabei den Zauberring. In der Nacht hatte sie einen Traum. Die Fee erschien ihr. „Warte den Hexensabbat ab. Wenn die Alte mit ihren Hexen bei Vollmond auf dem Hügel tanzt, begib dich in den Garten. Ziehe die größte Rübe aus!“
Der Hexensabbat kam. Nun begann der große Hexentanz. Mit einem rasenden Geheul tanzten die Hexen auf dem Hügel. Dabei hielt jede von ihnen eine violette Rübe in den Händen.
Bevor es Mitternacht wurde, ging Natalie in den Garten. Kaum hatte sie die größte Rübe ausgezogen, verwandelte sie sich in einen jungen Burschen. „Hab Dank, edles Fräulein, für deine gute

Tat. Du hast mich aus den Fängen der Hexe Rübenkraut befreit. Deshalb führe ich dich aus dem magischen Zauberkreis. Benachrichtige schnell deine Freunde."
Er führte sie in Schlangenlinien durch den Wald. Bald erreichten sie ein hügeliges Gelände. Im sanften Abstieg führte ein Weg zu einem Bachlauf. Weiter ging es über eine kunstvoll geflochtene Brücke. Der Weg schlängelte sich weit durch dunkle verworrene Dickichte. Sie gelangten an einen Rotdornbusch.
Dahinter verbarg sich der Eingang zu einer Höhle. Mit „Viel Glück" verabschiedete er sich von ihnen. „Ich muß aufs Rübenfeld zurück, zu meinen verwunschenen Brüdern."

Die Druidenhenne

Sie spazierten durch ein langes Kalkgeklüft. Stellenweise konnten sie nur in gebückter Haltung einen Engpass durchqueren. Sie erreichten eine Vorhalle.
Der pausenlose Tropfenklang war das einzige Geräusch in der anfänglichen Beklommenheit unter der Erde. Sie erreichten eine Nebenhöhle.
Farbenspiele in märchenhafter Schönheit fanden sich hier in der Tiefe zusammen. Zwischen Säulen und Pfeilern, die wie Alabaster geschnitzt erschienen, schwebten feingewebte zarte Schleier. Pfeilartige Gebilde täuschten Riesenorgeln vor.
Durch das Wassergeriesel wirkte die Luft kalt und eisig. Sie durchquerten ganze Paläste aus schimmerndem Kristall. Wunderbare Eisseen glitzerten, und kristallene Eisvorhänge wallten zwischen Kuppeln und Türmen.
Sie gelangten durch ein finsteres Gewölbe an einen unterirdischen Salzsee. Dies war ein kleiner Rest eines riesigen eiszeitlichen Sees, mit einem sehr hohen Salzgehalt. Von einer Grotte funkelten faszinierende Steinsalzkristalle.
Der Salzsee endete an einer Felsenmauer. Sie zwängten sich durch eine schmale Öffnung dieser Mauer und gelangten in eine Höhle. Außer Fledermäusen war wohl noch niemand vor ihnen hier eingedrungen.
Weiter ging es durch einen schmalen Tunnel. Sie spürten die Kälte und Feuchtigkeit. Glänzende Erdwälle und Gestalten kamen ihnen entgegen. Am Ende dieses Tunnels standen sie wieder vor einer Felsenmauer. Davor saß ein Wächter mit einer Laterne, die wie eine große leuchtende Glockenblume wirkte.
Er sah die drei Wanderer an, nickte, ohne ein Wort zu sagen, und schlug mit der Glockenblume gegen die Felsenmauer. Da öffnete sich die Mauer.
Wie vom Blitz getroffen, prallten sie beim Eintritt zurück vor der schimmernden Pracht, die sich da vor ihnen auftat.

Silbern glitzerten die Wände. Erzkristalle zierten den Boden. Ein heimliches Leuchten ging von den Kristallen aus. Es blendete, obwohl es nicht ganz hell war.
Das Licht der Glockenblume, die der Wächter vorantrug, konnte die enorme Größe der unterirdischen Kammer nicht erhellen. Die Steine an den Wänden glitzerten. Sie enthielten Silberkörner.
„Dies ist ein Kristallberg", erklärte ihnen der Wächter. „Meine Aufgabe besteht darin, über diese Steine, durch die sich eine Silberader zieht, zu wachen. Und ich bin wirklich froh, daß die Augen der Goldsucher diese romantische Zauberhöhle noch nicht erspäht haben. Sie wären fähig, diesen Berg wegen ihrer Habgier nach Gold und Silber abzutragen."
Sie gelangten durch eine Menge schmaler Gänge, bergauf und bergab,in eine Höhlengrotte. Die Wände bildeten bemooste, mit Efeu berankte Felsen. Um die Felsen herum liefen aufgeregt kleine schwarze Hühner. Doch hoch oben auf dem Felsen saß eine große schwarze Henne, mit einer glutroten Feder.
Während sie die Halle durchschritten, ruhten die Augen der schwarzen Henne forschend auf ihnen. Eine überirdische Gewalt ging von den Strahlen dieser glutroten Augen aus. Plötzlich hob sie zum Flug an, stieß einen furchterregenden Schrei aus, und zwei Eier rollten über den Boden. Die Eier waren glutrot. „Oh, mein Gott!" rief Mannehme. „Das sind Druideneier. Laßt uns umkehren."
„Es gibt kein Zurück", sagte der Höhlenwächter. „Die Druidenhenne braucht frisches Fleisch für die ausschlüpfende Brut." Im gleichen Augenblick zog die Druidenhenne mit ihren Sporen einen Strich quer über den Boden. Dann klapperte sie mit dem Schnabel und fauchte wie eine Katze vor boshaftem Vergnügen.
„Geht nur, gack, gack, gack. Geht nur, wenn es euch gefällt!" Kaum hatten die drei die Stelle erreicht, an welcher die Henne den Strich gezogen hatte, hielt eine magische Kraft sie zurück. Alle Bemühungen, von der Stelle zu kommen, blieben erfolglos.
„Gibt es denn gar keine Möglichkeit zu entkommen?" jammerte Natalie.
„Reiße dem Vieh die rote Druidenfeder aus!" ermutigte sie der

Wächter. „Denn aus der roten Druidenfeder zieht sie ihre Zauberkraft. Ohne diese Feder ist sie machtlos." „Unsichtbar müßte man sein", meinte Traumulus. „Dann könnte man sich ungesehen der Bestie nähern."
„Das ist es!" rief Natalie und holte die Zaubertrüffel vom Zuckerprinzen Sakkaro aus ihrem Rucksack hervor. Vor den Augen der Druidenhenne aß sie genüßlich eine Zuckertrüffel. Die Wirkung ließ nicht lange auf sich warten.
Lautlos pirschte sie sich an die Henne heran. „Deine Zeit ist abgelaufen!" Mit diesen Worten riß sie dem Ungeheuer die rote Feder aus. Erschrocken schwang sich die Druidenhenne in die Lüfte. Dann ging ein Wehschrei durch die Felsenhalle. Dem schwarzen Federvieh war seine Macht genommen. Glücklich gackerten die schwarzen Wildhühner. Die Angst, an die Brut verfüttert zu werden, ward ihnen genommen.
„Verlaßt diese Höhle, bevor die neue Brut ausschlüpft", riet ihnen der Höhlenwächter. „Denn in dem Druidenei sind alle geheimen Kräfte der Magie vereinigt. Öffnet sie sich, hält sie alle gefangen, die sich auffinden lassen."
Durch einen geheimen Tunnel gelangten sie in Begleitung der schwarzen Wildhühner ins Freie. Mannehme erhielt für seinen Lebkuchenteig einen Korb, gefüllt mit Wildhuhneiern.

Die Oberhoflebkuchenbäckerei

Es wehte ein frischer Wind, und das Sonnenlicht berührte die zitternden Birkenblätter. An den dunklen Bogenhängen entlang hingen wilde Ranken von den Gittern herab. Auch Blumen wuchsen in diesem Garten, wilde Stiefmütterchen und Vergißmeinnicht, Iris und Akelei. Schmetterlinge flatterten umher.
Kleine gelbe Primeln wuchsen in kleinen Büschen unter verwitterten Wurzeln einer alten Eiche. Tief purpurrot leuchteten die Blüten des Knabenkrauts, die süß nach Vanille dufteten. Sie vernahmen das Geräusch von plätscherndem Wasser.
Sie gingen weiter durch den verwilderten Garten. Die Zweige des Holunderbusches versperrten ihnen den Weg. Das war für Traumulus kein Hindernis. Er begann, sich durch das Gewirr von Zweigen einen Weg zu bahnen.
Dann gelangten sie zu einer Steintreppe, die zu einem Rosengarten führte. Das Plätschern und Rauschen wurde stärker, und sie erreichten einen kleinen Zierteich, in dem sich aus Rietgras und Schilfrohr in der Mitte ein Springbrunnen erhob. Und überall zwischen wilden Rosensträuchern standen Statuen und weiße Marmorbänke. Die mit Efeu bewachsene Gartenmauer war sehr hoch. Das Tor aus massiven, mit Eisen beschlagenen Eichenbrettern war verschlossen. Eine krumm gewachsene Rotbuche verbarg das einzige Loch in dieser baufälligen Mauer. Minuten später krochen alle drei wie Katzen hindurch.
Auf der anderen Seite versperrten ihnen Schlingpflanzen und Zweige den Weg. Ein enger Durchgang brachte sie endlich über steinigen Boden zu einer mit Schlingpflanzen überwucherten Bank. Doch dann, als Natalie diese entwirrte und somit eine fenstergroße Öffung entstand, sah sie durch eine Allee von Mandelbäumen, die zartrosa blühten, ein herrliches kleines Schlößchen.
Natalie war überwältigt. Sie starrte das schönste Gebäude an, das sie je gesehen hatte. Es hatte eine Menge vorspringender Giebel, Erker und Türmchen.

Rotgoldene Morgenröte ließ die Ornamente des Schlosses hell erstrahlen. Sie ritten durch die blütenverhangene Mandelbaumallee, stiegen einige Stufen aus glänzendem Marmor empor und standen schließlich vor einem mosaikverzierten Tor. Löwen aus vergoldeter Bronze starrten sie an.
Sie wurden von einem Diener im schwarzen Frack empfangen. Sie durchquerten einen Saal, dessen Wände aus funkelnden Kristallen bestanden. Ein großer Schrank, mit Lapislazuli eingelegt, füllte eine Ecke. Leichter Lavendelduft drang durch das offene Fenster. Fern im Garten sang ein Vogel.
Nach Durchschreiten einer goldenen Pforte gelangten sie in einen Innenhof. In der Mitte stand ein Brunnen, der von zwölf goldenen Löwen umgeben war. Die urwüchsigen Gestalten der Löwen bildeten einen starken Kontrast zu den zierlichen moosbewachsenen Statuen, die kleine Elfen darstellten.
Die schönsten Rosen wuchsen hier in prachtvoller Blüte. Dunkelrote Salvien blühten neben kanariengelben Sonnentaublumen. Überall standen riesige Vasen mit den schönsten Blattpflanzen. Üppige Passionsblumen hingen von den Gittern der dunklen Bogengänge herab. Und am Ende der zwölf Bogengänge standen zierliche Zitronenbäumchen. Die Zitronen, die in Trauben von den Zweigen hingen, erfüllten die Luft mit aromatischem Duft.
Wasser und Pflanzengrün verbanden sich hier in Harmonie. Kein Lufthauch war spürbar. Vor wundervollen Rosenbögen erhob sich die Fontäne eines Springbrunnens. Wie flüssiges Silber erstrahlte das Wasser.
Leise Klänge schwirrten durch die Luft. Wie eine Zauberwelt, die auf geheimnisvolle Weise die Schönheit der Natur besingt, erstrahlte dieser Garten.
Ein Diener wies auf eine der Marmorbänke. „Ich möchte euch bitten, hier zu warten!“
Ein Gärtner betrat den Garten. Er pflückte die grünen Zitronen von den Zweigen und legte sie vorsichtig in den Weidenkorb.
„Die sind doch noch gar nicht reif“, wunderte sich Natalie. „Das hat schon seine Richtigkeit“, klärte Mannehme sie auf. „Aus den

grünen Zitronenschalen wird Sukkade hergestellt." Und wieder erschien ein Diener und forderte sie auf, ihm zu folgen. Über eine Holztreppe, die in die weiteren Räume führte, gelangten sie in die Backstube. Bäckerjungen liefen umher und hantierten mit den Kuchenblechen. Unter dem Steinofen brannte ständig ein Feuer.

Sie wurden vom Oberhoflebkuchenbäcker persönlich empfangen. „Heute dürft ihr dem Meister beim Backen über die Schulter schauen", rief er seinen Bäckerjungen zu. „Da könnt ihr noch was lernen."

Doch Mannehme wehrte ab. „Heute werdet ihr, wie ich hoffe, eine Meisterin bewundern können. Der Kursus ‚Wie backe ich ein Lebkuchenpferd' wird mit diesem Test zu Ende gehen."

Als Natalie sich an die Arbeit machte, blieb das ganze Personal vor Erstaunen regungslos stehen. Nur das Feuer hörte man noch knistern. Zuerst knetete Mannehme mit den Holzlöffeln den Teig noch einmal kräftig durch. Ein Bäckerjunge hatte bereits das Kuchenblech eingefettet, während ein anderer Holz nachlegte.

Natalie rollte den Teig auf einer bemehlten Tischplatte aus. Mit Hilfe von Traumulus, der ihr Modell stand, schnitt sie das Motiv mit einem Küchenmesser aus. Und diesmal war ihr eine herrliche Lebkuchenfigur gelungen. Nun wurde das belegte Backblech in den Ofen geschoben. Auch während der Backzeit behielt das Pferd seine Figur. Dann wurde es zum Auskühlen auf ein Küchenrost gelegt.

In einem großen Kreis standen die Bäckerjungen und das gesamte Küchenpersonal um sie herum. Mit klopfendem Herzen fing sie an, das Lebkuchenpferd zu verzieren. Sie staunte selbst, wie ihr alles so rasch von den Händen ging. Mannehme sah vergnügt aus. „Ich bin mit deinem Werk zufrieden", lobte er sie.

Gerd, das Lebkuchenpferd

Plötzlich quoll Rauch aus dem Ofen. „Habt ihr wieder feuchtes Holz aufgelegt?“ wies der Oberhoflebkuchenbäcker seine Bäckerjungen zurecht.

Der Rauch kam durch Ritzen und Spalten und bedeckte alles mit Ruß. Je dichter der Rauch, desto dunkler wurde es. Und in der Dunkelheit nahm der Rauch seltsame Gestalt an. Nun erschien in den Rauchwolken ein Feuerdrache. Er entführte das soeben gebackene Lebkuchenpferd.

Da bebte das ganze Schloß wie Donnerhall. Dann wurde es wieder hell. Nur etwas war sonderbar. Sieben schwarze Raben, aus Lebkuchenteig gebacken, lagen nun anstelle des Kuchenpferdes auf dem Backblech.

Da war das Staunen in der Backstube groß. Besonders der Oberhoflebkuchenbäcker wunderte sich. Und er fragte Mannehme, auf welche Weise er dieses Zauberkunststück geschaffen habe. Als er aber merkte, daß auch Mannehme keine Ahnung hatte, war er sehr erschrocken.

Plötzlich breiteten die sieben Raben ihre Schwingen aus und flogen mit krächzenden Rufen durch den Kamin davon. Empört rief Mannehme: „Wir werden das Pferdchen wieder einfangen!“

Die Nacht verbrachten sie noch in dem gastlichen Schlößchen. Schon im Morgengrauen machten sie sich auf die Suche. Den ganzen Tag streiften sie kreuz und quer durch die Wälder. Keine Schlucht, keine Höhle blieb unerforscht.

Da flatterte ein Rabe vom Tannenwipfel herab. „Raab, raab, raab, euer Schicksal ist besiegelt.“

Und ein Sturm heulte durch den Wald und machte ganze Reihen von Riesenstämmen nieder. In rasendem Galopp ritten sie tiefer in den Wald hinein. Einsam, an der Seite eines Hügels, entdeckten sie den Zugang zu einer Höhle. Der Eingang war mit dem Knochengerüst eines Pferdes geschmückt.

„Kommt nur herein“, mit diesen Worten öffnete sich eine Felsentür.

Sieben Kerzen erhellten den Raum. Aus einer Schale stiegen unaufhörlich Schwaden. Auf der Anrichte standen Krüge mit Tee, in dem allerlei Blätter schwammen.
Auf einem erhöhten Platz sah man die runden Augen eines Uhus erglänzen. In einer Nische stand ein Zauberbaum mit feurigen Früchten.
In der Mitte des Raumes befand sich auf dem Boden eine lange Tafel, reich mit kostbarem Geschirr gedeckt. Und wie bei einer Polonaise traten 13 Hexen ein, voran ein Zauberer im Purpurmantel, nebst einer Schar Diener, die geschäftig die Speisen auftrugen.
Ein Diener erschien mit einem Tablett Zuckertrüffel. „Mit den besten Wünschen von der Kräuterfee", lachte er höhnisch.
Auf dem Podium spielte, mit einem Einhorn als Kapellmeister, eine Schar vermummter Gestalten. Als der Duevelstee serviert wurde, stimmte die Musik eine Hexenhymne an, einfach schaurig. Dann wurde der Nachtisch aufgetragen. Auf Farnkraut angerichtet, lag, von dreizehn violettfarbenen Rübchen umgeben, das Lebkuchenpferd.
„Halt!" rief Mannehme. „Dachte ich mir's doch, daß es sich hier um böse Zauberei handelt."
„Eßt und schweigt!" rief der Zauberer erbost.
„Nein!" rief Mannehme und seine Stimme klang hart, „das könnt ihr nicht von uns verlangen!"
Plötzlich begannen die Kerzen zu flackern. Ein Getöse wie Gewitter ließ sich vernehmen. Aus einer Zuckertrüffel sprühten Lichtstrahlen hervor. Eine weiße Wolke schwebte aus ihnen hervor und füllte den Raum vom Boden bis zur Decke. Das Lebkuchenpferd wurde in Nebel eingehüllt.
Nach und nach löste sich der Nebel auf. Statt der Zuckertrüffel lagen grüne Knollenblätterpilze auf dem Tablett. Und das Lebkuchenpferd war verschwunden.
„Das war das Werk der Kräuterfee!" schrie der Zauberer wutentbrannt. „Auf die Besen, ihr Hexen! Husch, husch! Bringt mir den Gaul zurück!"
Und schon flogen die Hexen mit lautem Getöse davon. Der Zaube-

rer schwang sich auf das Gerippe des Höhlenpferdes. „Laßt uns diesen unheimlichen Ort verlassen", mahnte Mannehme zum Aufbruch. So ritten sie denn durch die dunklen Wälder.

Da überraschte sie plötzlich ein wirbelnder Gesang. Mit einer zart beginnenden Liedstrophe, deren Tonstärke rasch zunahm, lockte sie der Weihnachtsvogel auf den rechten Pfad.

Nach einer Weggabelung tat sich ein herrliches Bild vor ihnen auf. Da lag am Ufer eines kleinen Weihers ein Rosenpavillon. Sie gelangten über eine Steintreppe in den Rosengarten. In seltsamer Szenerie von Licht und Schatten erblickten sie eine Gestalt, die sich vom Grün der Rosenblätter abhob.

„Ich habe auf euch gewartet." Die Stimme klang vertraut. Es war die Stimme der Fee. „Ich war es, die euer Lebkuchenpferd entführen ließ. Als Nachspeise ‚Trapp-Trapp' wurde es auf der Speisekarte für besondere Gäste aufgeführt. Doch dazu wurde es nicht erschaffen." Sie erhob sich von ihrer Rosenschaukel.

„Eile ist geboten!"

Über unwegsames Gelände gelangten sie zu einer Feuerstelle. Das Feuer flammte hoch empor, und im darüberhängenden Kessel fing es an zu rauchen und zu sieden. Ein angenehmer Geruch nach Kräutern verbreitete sich.

Ein Waldtroll servierte auf einem silbernen Tablett das Lebkuchenpferd. Inzwischen bereitete die Fee, wie eine Zeremonienmeisterin, einen geheimnisvollen Kräutertee. Nach dem dritten Aufguß wurde nun das Lebkuchenpferd damit besprengt.

Dabei sprach die Fee, leise vor sich hinmurmelnd, folgenden Zauberspruch: „Bist pfeilgeschwind und unversehrt, so wie ein Speer, drum heißt du Gerd!" Und im nächsten Augenblick fühlte sich das Lebkuchenpferd in die Formen eines echten Pferdes verwandelt.

„Hüte mein Geheimnis, Natalie. Denn ein Schleier liegt über den Dingen, die sich zwischen uns vollzogen haben. Und vergiß das Beste nicht!"

„Achte auf deine Gedanken,
denn sie werden zu deinen Wünschen.

Achte auf deine Wünsche,
denn sie werden zu deinen Worten.
Achte auf deine Worte,
denn sie werden zu deinen Werken.
Achte auf deine Werke,
denn sie werden zu deinem Schicksal."
(Aus dem jüdischen Talmud)

„Und nun aufgesessen", drängte die Fee. „Ich höre feindliche Späher vom Hügel rufen. Flieht! Das Hexenheer rückt an. Seht, schwarze Staubwolken wallen zum Himmel. Rettet euch!"

Im Zauber des Weihnachtswaldes

Staub erhob sich von den Hufen der Pferde. Wie der Sturm jagten Gerd und Traumulus dahin.
Vorwärts! Schneller vorwärts! Sie ritten in Richtung Norden. Und der Nordwind brauste mit furchtbarer Gewalt durch die Schluchten und streute ungeheure Schneemassen über sie aus. Als sich vor ihnen ein zerklüftetes Tal auftat, aus dem ein Felsen steil zum Himmel ragte, hielten sie an. Mannehme wies in die Richtung und sagte: „Da ist eine Grotte. Hier werden wir übernachten."
Am nächsten Morgen erreichten sie einen verschneiten Winterwald. Die Morgensonne durchbrach das winterfahle Dämmern. Eisig pfiff der Wind durch den Wald. Er ließ die alten Bäume knarren. Wolken wie Eiskristalle schwebten vorbei. Der eisige Staub verwehte jede Sicht. Der Sturm sang seine Schauermelodie. Es knackte, zischte und wetterte durch den Winterwald.
Wie von Zauberhand berührt, verwandelten sich die dunklen, düsteren Umrisse der umstehenden Bäume unter den glitzernden Schneeflocken. Der Schneesturm wurde stärker. Der Waldboden lag bald unter einer dichten Schneedecke.
Am Waldrand stand ein knorriger, dorniger Strauch. Es war der Rotdornbusch. Er versuchte im Sturm und Unwetter das Schicksal fest zu meistern. Der Schnee kam mit seiner schweren Last, und seine Äste hingen voll kristallener Eisflocken. Zuweilen ging ein Stöhnen durch den Wald. Ein alter Baum schüttelte sich unter dem Donnergetöse der schweren Last. Schwarze Raben flatterten erschreckt aus den Baumwipfeln hervor und suchten Schutz im Dikkicht des Rotdornbusches. Doch das alles störte den Weihnachtsvogel nicht. Er entfaltete seine Schwingen hoch über die schneebedeckten Bäume. Sein Ruf klang durch die Luft und gab sein Echo wie Silberglocken wieder. „Willkommen im Weihnachtswald."
Wie herrlich der Wald leuchtete. Nebelschwaden und stechende Sonnenblitze ließen die vereisten Tannenzapfen in ein klares Lila verfärben. Es war bitterkalt, doch Natalie spürte die Kälte nicht.

Und dann sah sie, daß über den Wipfeln des Weihnachtswaldes ein Baum besonders hervorragte und seine dürren Äste weit ausstreckte. Plötzlich schossen Tausende von kleinen Sternschnuppen aus dem Baum empor, die wie Funken umhertanzten. Ein großer goldener Stern tanzte um die Baumspitze herum. Und als sie ihn verwundert mit den Augen verfolgte, schien es ihr, als glitte er seitlich vom Baum zu Boden.
Natalie und ihre Freunde arbeiteten sich durchs Unterholz und kamen zu der Stelle. Als sie den Stamm berührten, begann sich der Baum wie im starken Windhauch zu bewegen. Durch die Äste zog ein Laut wie schweres Seufzen.
„Ich bin der Urbaum“, und sein Rauschen klang schwermütig. „So lang nun harrte ich hier aus, bis ich, mit meinen Zweigen bewachsen, von außen gar einem normalen Baume gleiche. Doch nun seid ihr gekommen. Hört, was ich euch zu sagen habe.“
Und wieder ging ein Rauschen durch seine Zweige.
„Früher“, begann er, „da hatte man die Stämme noch nicht zu Geld gemacht. Ja früher, da blutete der Wald noch nicht aus tausend Wunden. Obwohl die Menschen früher noch nicht die wissenschaftlichen Kenntnisse vom Einfluß der Bäume auf das Klima hatten, so brachten sie ihnen doch Liebe und Ehrfurcht entgegen. Bäume waren der Inbegriff für Stärke, Macht und Unsterblichkeit. Ich, der Urbaum, habe bereits die Eiszeit überlebt. Ich kenne alle Sagen und Mythen. Doch nun bin auch ich vom Waldsterben bedroht.“
Und der Urbaum schüttelte sich, wirbelte ein paar Blätter hoch und riß die im Rinnsal sich bildende Eisdecke auseinander.
„Alle Bäume wurden euch von Gott geschenkt. Doch ihr Menschen gingt uns Bäumen mit der Säge zu Leibe. Ihr fesseltet uns mit eisernen Ketten. Wir bogen uns vor der Gewalt eurer Schläge. Und die Späne flogen zum Himmel und verdunkelten mit ihrem Staub die Sonne. Unter euren Schritten trocknete das Wasser aus, und in Blindheit schlugt ihr Baum um Baum. Dabei zeigen die Bäume euch, so wie sie wachsen, euren eigenen Lebenslauf. Wie Knospentreiben und Saftsteigen, Erblühen, Buntfärben und Verwelken. Denn seht nur, wie ich mit meinen Wurzeln in der Erde hafte, doch

mit meiner Krone das Himmelsgewölbe stütze. Ja, meine Zweige sind wie bildgewordene Zeit, an der ihr die Mühe meines Wachstums ablesen könnt. Und wohin ihr auch immer eure Schritte lenkt, Bäume begleiten euch. Drum macht sie zu euren Freunden."
„Aber was können wir tun?" rief Natalie verzweifelt. „Es gibt keine Zukunft und keine Hoffnung mehr." „Die Hoffnung darfst du niemals verlieren. Denn Hoffnung kann den Garten Eden wieder zum Leben erwecken", rauschte der Urbaum. „So nimm diesen Stern und fürchte dich nicht." Und sie hob ihn auf und sah, daß sie einen goldschimmernden Tannenzapfen in der Hand hielt.

„Denn ein Baum hat Hoffnung,
auch wenn er abgehauen ist;
er kann wieder ausschlagen,
und seine Schößlinge bleiben
nicht aus.
Ob seine Wurzel in der Erde alt
wird und sein Stumpf im Boden
erstirbt, so grünt er doch wieder
zum Geruch des Wassers und treibt
seine Zweige wie eine junge Pflanze."
(Das Buch Hiob - 14:7-10)

Eine ganz besondere Atmosphäre legte sich nun über den Weihnachtswald. Ein herrliches Licht flimmerte durch alle Zweige. Die wogenden Wipfel wurden von eiskalten Winden bewegt. Weit ragten die vereisten Zweige des Urbaums hinaus ins Blaue.
Von der Ferne her übertönte dumpfes Getrommel herabfallender Schneemassen die monotone Stimme der unbändigen Waldnatur.

„Ich bin der Wald, ich bin uralt.
Ich hege den Hirsch, ich hege das Reh.
Ich schütz euch vor Sturm, ich schütz euch vor Schnee.
Ich wehre dem Frost, ich wahre die Quelle.

Ich hüte die Scholle, bin immer zur Stelle.
Ich bau euch das Haus, ich beiz' euch den Herd.
Darum, ihr Menschen, haltet mich wert!"
(Wandspruch in einem niedersächsischen Bauernhaus)

Plötzlich flog er wieder, der Weihnachtsvogel. Er sang allem Bösen zum Trotz. Und er sang vom Leben und von der Hoffnung. „Hoffnung hat starke Flügel, sie werden dich tragen. Deshalb träume deinen Traum zuende, damit die Nachtigall zurückkehren kann." Es wurde dunkel. Sie traten ins Reich der Schatten. Sie ritten weiter. Der Schnee knirschte unter den Hufen der Pferde. Plötzlich lichtete sich der Wald. Endlich tauchten in der Ferne kleine Lichter auf. Es wurden immer mehr. Zuletzt war es eine lange Kette von Lichtern, die bald rot, bald gelb und blau vor ihnen flimmerten. Ein ziemlich steiler Pfad führte zu einer Lichtung. Da zeigte Mannehme auf eine hell erleuchtete Stadt. „Leb wohl, Natalie, du findest den Weg allein dorthin." Wenige Augenblicke später verschlang die Ferne den Hufschlag des dahinjagenden Pferdes.

Das Fest „Zu den Heiligen Nächten“

Über den zerrissenen Wolken ging der Mond auf, und aus dem Grunde einer dunklen Esche erhoben sich weiße Nebelwolken. Natalie hatte das Empfinden längst vergangener Zeiten. Und die Eschenfrau ging um und reihte die Seelen der Verlassenen dem sprossenden Leben des Baumes ein. Der spähende Habicht wachte als Bote der Asen über Gerechte und Ungerechte.
Der Abschiedsschmerz legte sich beklemmend auf ihr Gemüt. Sie ritt einsam über die winterliche Flur. Über den Wäldern lag ein fremder Schatten. Nicht ein Vogel war zu hören. Der Wind blies gleichmäßig und trüb. Die Luft war frostig und kühl.
Aus dem dämmrigen Schatten unten im Tal trat immer deutlicher die Ortschaft hervor. Natalie ließ ihre Blicke über die vor ihr liegende Stadt schweifen, bis hin zu den turmbedeckten Mauern eines Stadtwalles.
Noch war alles ruhig und still in den Straßen. Da kam aus dem Dunkel ein Nachtwächter mit seiner hohen Hellebarde auf der Schulter und der großen Laterne in der Hand. Grau und düster schaute er drein. Tiefe Furchen durchzogen sein Gesicht.
„Gar fremd kommt ihr mir vor!“ Seine Miene wurde finster. „Was sucht ihr hier in Urd, der Stätte längst vergangener Zeiten? Kehrt um, sonst holt euch die Vergangenheit ein!“
Gleichzeitig ertönte vom Turm die Stimme des Turmwächters:

> *„Hört, ihr Leut, und laßt euch sagen,*
> *eure Uhr hat „Urd“ geschlagen.*
> *Urd, das ist das Ziel der Zeit,*
> *Spiegel der Vergangenheit.“*

Sie ergriffen die Flucht und gelangten über eine sehr schmale Steinstiege, deren Stufen ziemlich ausgetreten waren, zu einer Kellerhöhle. Dort trafen sie auf eine Zigeunerin. Auf der Stirn hatte sie einen runden Fleck, im linken Nasenflügel einen goldenen Knopf.

Ihre Arme hingen voll Bändchen und Silberreifen. Sogar an den Füßen klirrten dicke, silberne Ringe mit kleinen Spiegeln. Ihre Augen waren auffällig groß. Und in der Hand hielt sie eine gläserne Kugel, aus der helle Lichtreflexe strahlten. Die Zigeunerin sah Natalie eindringlich an. „Höre, kleine Märchenprinzessin. Hüte dich vor der Zauberin Gurinka.
Sie ist wie eine Fata Morgana, wie ein gläsernes Trugbild und kann sich in jede Verwandlung flüchten, ganz wie es ihr gerade gefällt. Sie kann dich betören wie der Duft wilder Rosen, aber auch der Schrei einer Eule ist ihr nicht fremd. Und ganz gleich, in welcher Erscheinung du sie in deiner Phantasie erblickst, sie steht immer mit den Göttern der Vergangenheit im Bunde."
„Laßt uns umkehren!" rief Natalie verzweifelt.
„Es gibt keinen Weg zurück", bedauerte die Zigeunerin. „Die Vergangenheit hat bereits Besitz von euch ergriffen."
Eine Eule flog über sie hinweg und rief ihr schauriges „Uhu!" Und weit von drüben, wo das Reich Urd tausend Geheimnisse in sich barg, klang das unheimliche Heulen der Hyänen. Doch sie hörten nicht darauf. Sie wußten nicht einmal, wohin der Weg sie führte.
Plötzlich flog auf einem Schimmel eine weiße Frau vor ihnen her. Ein weißer Umhang flatterte um ihre Schultern. Als sie die Frau allmählich einholten, verschwand sie plötzlich. So folgten sie einem trockenen Flußlauf der Urzeit, der zwischen den mit Eschen bewachsenen Hügeln nach Norden führte. Und von diesem Flußtal bog ein kaum sichtbarer Weg durch sperrendes Gebüsch. Am Ende dieses unscheinbaren Pfades stand ein mächtiger Stein. Eine uralte Esche streckte schützend ihre Äste darüber aus. Als sie sich dem Stein näherten, sahen sie einen Jungen auf sich zukommen. Er hatte wirres schwarzes Haar und trug einen blauen Sackkittel, der bis zu den Füßen reichte. Und wieder glaubte Natalie, in die dunklen Augen von Muckerl zu sehen. „Ich grüße euch. Mein Name ist Silvan. Bitte folgt mir. Seid meine Gäste für einen Traum!"
Dann führte er sie durch den Wald hinab nach Urd. Sie ritten über hohe, wandernde Dünen, wie Eilande der Vergessenheit, und durch armselige Siedlungen mit Lehmbauten ohne Fenster. Dann kamen

sie zum Hofe des Häuptlings Alfadur. Ein hölzerner Zaun ging außen herum. Pferdeschädel steckten auf hohen Pfählen zu beiden Seiten des Eingangs.
Die Wächter, schwarzgraue zottelige Hunde, lagen vor dem Eingang und regten sich leise im Schlaf, die Augenlider kaum geöffnet. Nur Zerberus, der Jagdhund des Häuptlings, sträubte seine Nackenhaare, schlug mit dem Schwanz auf die Erde und schaute sie mit feurigen Augen an.
Der Häuptling, ein großer Mann mit roten Haaren, empfing die Neuankömmlinge. Er trug eine Kette aus Eberzähnen. Sein Umhang war aus Fell. Am Gürtel hing ein Schwert, und seine Füße steckten in Schuhen, die aus einem einzigen Lederflecken gemacht waren. Die Waden waren mit Bändern kreuzweise umwunden.
Der Häuptling führte die Fremden durch einen Steingarten zu einem riesigen Felssteingebäude. Es bestand aus ungeheuren Felssteinen, die sich zu Gewölben und Hallen von gewaltigem Umfang übereinandertürmten.
Plötzlich wurde es hell vor ihren Augen. Natalie erbleichte, als die weiße Frau, wie aus dem Erdboden gewachsen, vor ihr stand. Hoch über dem Felsengebäude rauschte harmonisch klingende Sphärenmusik. Aus den Mauerschlitzen kicherten unsichtbare Stimmen. Und mit gespenstisch klapperndem Hufschlag eines Pferdes verschwand sie wieder, die weiße Frau.
Eine metallische Stimme bat sie einzutreten. Und sie glitten hinein, in das Trugbild der Zauberin Gurinka.
In der Mitte dieses Gemachs stand, grau und verwittert, ein Opferstein, auf dem der fahle Schein des Mondes lag. Rechts und links des Opfersteins lag eine Reihe kleinerer Steine. Auf einem dieser Steine saß Gurinka, Zauberin der Vergangenheit, in einen rauhen weißen Pelz gehüllt. Und rings um sie scharte sich ein ganzes Volk kleiner Wesen, mit Piniennadeln im Haar, nur mit einem Fell bekleidet.
„Das sind Djalas“, erklärte ihr Silvan. „Kleine Waldgeister.“ Da ertönte ein hölzerner Gongschlag, der sich mit den Tönen von Flöten und Felltrommeln vermischte. Die Djalas ordneten sich zu lan-

gen Reihen auf. Sie schritten, Zauberin Gurinka voran, zur Halle hinaus. Ein Djala löste sich aus der Gruppe und forderte die Gäste auf, ihnen zu folgen. Sie erreichten einen freien Platz. In der Mitte stand eine große, mit bunten Federn geschmückte Tanne. Zwei Djalas brachten eine Schale mit Wasser. Zauberin Gurinka besprengte damit die Tanne. „Die Geister des Lichtes und der Farben sind mir untertan", rief sie aus. Unter wild ausgestoßenen Schreien und Kettenrasseln begann nun der Tanz um die Tanne.
„Was hat das alles zu bedeuten?" flüsterte Natalie leise.
„Du befindest dich in Urd, der Stätte der Vergangenheit", erklärte ihr Silvan. „Du nimmst an einem altgermanischen Fest teil. Es ist das Fest ‚Zu den Heiligen Nächten', und dieses Fest wird immer beim Tiefstand der Sonne zur Zeit der Wintersonnenwende gefeiert."
Süße Töne der Panflöte kündigten ein mystisches Ereignis an. In Gewändern aus Fellen, mit Federbüschen im Haar, traten drei Krieger auf. Sie trugen eine Statue mit dem Symbol der Sonne herein. Da ertönte das Zeichen zur Andacht. Die Krieger knieten vor der Statue nieder.
„Für sie ist die Sonne eine Gottheit", versuchte Silvan ihnen zu erklären. „Diese Zeremonie gilt als Wiedergeburt der Sonne und dem Wiedererwachen der Natur zu neuer, segenspendender Lebenskraft."
Mit Pauken und Trompeten trat der Pflanzenhäuptling Dion auf die Bildfläche. Er trug eine Krone aus Pinienzapfen und war zum Winteraustreiber auserkoren. Er stand da wie ein zum Sprung bereiter Tiger. Ganz leicht nur zuckten seine Finger.
Dann schritt er mit langsamen Schritten hin und her. Soeben trat auch der Oberhäuptling mit seinen Hunden ein. Tausend Schlaghölzer trommelten wie wild. Und der Tanz begann, noch wilder und ausgelassener als zuvor. „Du nimmst gerade am ältesten Weihnachtsfest der Menschheit teil", flüsterte ihr Silvan ins Ohr. „Und mit diesen wilden Tänzen treiben sie den Winter aus."
„Da ist mir unser Weihnachtsfest aber lieber", sagte Natalie mit zitternder Stimme. „Deshalb schlage ich vor, daß wir uns auf den

Heimweg machen!"
„Es gibt kein Zurück", sprach Silvan zu ihr. „Die Hunde des Häuptlings lassen jeden Fremdling hinein, aber niemanden wieder hinaus. Und was ich dir noch verschwiegen habe ... seit Urzeiten bringen sie ihren Göttern ein Opfer da. Als Opfergabe haben sie zu diesem Fest Traumulus auserkoren."
„Das müssen wir verhindern", rief Natalie erschrocken. Genau in diesem Augenblick löste sich ein Tänzer aus der Gruppe und kam auf Natalie zu. Es war Mannehme in Verkleidung eines Djalas. Er führte Natalie ins Gemach des Häuptlings. Das ganze Haus war nur ein einziger Raum. Der Boden war aus Lehm und Steinen. In der Ecke stand ein gemauerter offener Herd, auf dem das Feuer brannte. Kein Ofenrohr, kein Schlot war da.
„Ich hoffe, du hast nicht vergessen, wie man einen Lebkuchenteig herstellt", ereiferte sich Mannehme. „Alles, was du dazu benötigst, findest du hier in diesem Korb. Es wird die größte Prüfung deines Traums sein."
„Gewiß", entgegnete Natalie. „Aber wozu soll das gut sein?" „Alle Lebkuchenherzen, die mit frischem Korianderkraut hergestellt werden, sind für Hunde ein Leckerbissen. Der Geruch betäubt ihre Sinne. Aber Eile ist geboten. Nur solange der Tanz dauert, besteht keine Gefahr. Viel Glück!"
Und während Natalie am Herd beschäftigt war, ging das Fest der Germanen seinem Höhepunkt zu. Wildaussehende Krieger schlugen ihre Keulen gegeneinander. Dumpf dröhnte dazu der Chorgesang. Alle Bewegungen des Tanzes wurden mit lautem Zischen begleitet, während die umstehenden Djalas den Takt schlugen. Und mit jedem Augenblick wurden die Tänzer wilder. Fackeln wurden entzündet, und Feuerpfeile schwirrten durch die Luft. Die tanzenden Djalas drehten sich immer rascher und unbändiger. Wode, der Hund des obersten Häuptlings, fing furchterregend zu heulen an.
Rauch bildete sich im ganzen Gemach, stieg hinauf zu den geschwärzten Dachbalken und führte hinaus durchs Rauchloch. Die Wände glänzten schwarz vor Ruß. Da ertönte das Zeichen. Genau

in diesem Augenblick erschien Natalie mit einem Korb voller Lebkuchenherzen. Wode funkelte böse mit seinen gelben Augen und zeigte dabei sein ungeheures Gebiß mit den spitzen, scharfen Zähnen. Und als Hundegebell auf eine ohrenbetäubende Weise erscholl, schüttete Natalie kurzentschlossen den Korb voller Köstlichkeiten über die wilde Meute aus. Da erloschen die Fackeln und verstummte die Musik. Plötzlich war alles wie weggefegt. Natalie und Traumulus standen ganz alleine da. Sie befanden sich inmitten eines Gewirrs von Felsklippen, durchzogen von düsteren Schluchten.

So ritten sie denn talwärts, dem Lauf eines trockenen Flußbettes folgend, durch Moorwald und Schilf, vom Flüstern des Rietgrases und vom Schrei wilder Vögel begleitet.

Und wieder sahen sie die weiße Frau, die von sonnengleicher Schönheit auf einem Schimmel dahinritt. Beharrlich folgten sie der Spur des Schimmels. Endlich erreichten sie einen an Schluchten und Felsgrotten reichen Gebirgszug. Der Fluß trug wieder Wasser, welches silbersprudelnd über Geröll und Steine floß. Voll Dankbarkeit betrachtete Natalie ihren Talisman und glaubte ganz deutlich die Stimme der Fee zu hören. „Erfahre Bitteres, damit du Süßes begreifst. Erfahrungen sind wie Köstlichkeiten, die wie die Sterne am Himmel nicht zu zählen sind. Drum hüte diesen Schatz. Es ist der Schlüssel zu deinem Herzen."

Sie schlugen ihr Lager in einer der Felsgrotten auf. An den Steinwänden sah man tiefe, ausgescheuerte Rillen, hämische, greuliche Zeichen. Am frühen Morgen ritten sie weiter. Es tauchten Hügel auf. Endlich erreichten sie eine merkwürdige Stadt. In den Pflastersteinen, die zum Marktplatz führten, wurden tiefe Spuren von Wagenrädern sichtbar. Die Säulen und Tore aus Marmor waren gespenstisch und großartig zugleich.

Die Steine der Straße leuchteten in der Sonne wie mit Gold beschlagen. Am Ende dieser Straße lag eine Schloßruine. Im verwilderten Garten hinter der Ruine standen die Gottheiten Juno und Jupiter.

Ein merkwürdiges, fast zwingendes Gefühl trieb sie weiter. Durch

den verwilderten Garten rann ein Bächlein wie ein silberfarbenes Band. Sie folgten diesem Bach und erreichten gegen Abend eine Nußbaumallee. Hier schlugen sie ihr Nachtlager auf.
Unter den hohen Walnußbaumwipfeln, in dem sich das Mondlicht fing, sang der Wind seine harmonische Sphärenmusik. Ein seltsam geschweifter Stern erschien am Himmel.
Plötzlich hallte ein leises Grollen herüber. Natalie wußte nicht, ob es Gewitter war oder der Klang von Hufen. Der Hufschlag kam näher, nicht mehr aus der Ferne. Gerade, als Natalie die Allee hinaufschaute, sah sie Pferde, die in großen Sätzen über die Wege galoppierten. Dann sah sie Kamele, Dromedare und Maulesel. Auf ihrem Rücken schaukelten Säcke mit Gold und Edelsteinen. Andere schleppten Gefäße, die mit Myrrhenöl, Weihrauch und Gewürzen gefüllt waren. Auch die Heiligen Drei Könige wanderten in dieser Karawane. In ihrem Gefolge zogen Engel, Priester, Märchenerzähler und Sterndeuter.
Die Pferde der Heiligen Drei Könige trugen prächtige Decken aus Brokat und Silberschnüren. Sie alle folgten fast ruhelos dem wandelnden Stern. Und der Duft von Zimt und Muskat lag in der Luft. Doch alles waren nur trügerische, herrliche Luftspiegelungen, Oasen voll Wasser mit Palmen und Walnußbäumen.

Der tiefste Traum

Und über allem lag Urd, das Schweigen der Vergangenheit. Als sie aus ihrem Traum erwachte, war das Wasser der Quelle nur Luft. Und sie fanden die Umrisse der alten Ruine nicht mehr, geschweige denn die Tore aus Marmor. Sie waren von einer Fata Morgana in die Irre geführt worden. Wie das Meer breitete sich die Wüste vor ihnen aus. Sie befanden sich im Lande der Vergessenheit. Nichts als Leere.
Traumulus versuchte seine Flügel auszubreiten, jedoch seine Schwingen hingen kraftlos herab. Jeder Flugversuch mißlang auf der von Sandstürmen umfegten Wüsteninsel. Da stieg hell leuchtend ein Blitz aus dem Zauberstein. Mit mächtigem Flügelschlag hob sich Traumulus in die Lüfte. Aus der Höhe warf Natalie noch einmal einen Scheideblick nach Urd, der Stätte der Vergangenheit. Sie landeten vor einem Tor mit vielen herausgebauten Galerien, deren Öffnungen wie die Fensterchen in ihrem Adventskalender aussahen. Und so flog sie mit Traumulus durch das Fensterchen Nr. 13. Dahinter verbarg sich ein Marktplatz. Weihnachtsmusik war zu hören.
Hoch über dem Marktplatz stand auf einer mächtigen Säule die Statue des Kiepenkerls. Das Wahrzeichen dieser Stadt. In der Mitte stand ein Brunnen mit einer gläsernen Kuppel. Das eisblaue Wasser plätscherte, und gleichzeitig war ein seltsames Singen, Schwirren und Summen zu hören. Eine Kompanie Zinnsoldaten, angeführt von Offizieren zu Pferde, marschierte munter über den Platz.
Die vielen Buden hatten kein elektrisches Licht, sondern nur Fackelbeleuchtung, über den Dächern lag schon der Schimmer der untergehenden Sonne. Die geschmückten Weihnachtsbäume sahen aus, als ob sie lauter Flammenblüten hätten.
Seltsam waren die vielen verschiedenen Leute, die lachend und scherzend umherschlenderten. Es waren alles Gestalten aus dem Märchenland. Da gab es Aschenputtel, die ihre Tauben fütterte,

Schneewittchen, die in einen rotkandierten Apfel biß, Hans im Glück mit seiner Gans und den Schweinehirten, der seine Marzipanschweinchen über den Marktplatz trieb. Den Schluß bildete Aladin, der mit seiner Wunderlampe die Szenerie beleuchtete. Sie ritten zunächst eine Händlerstraße entlang und gelangten schließlich in die engen Weihnachtsbasargassen. Da saßen Glasbläser in ihren Buden und waren fleißig bei der Arbeit. Daneben ein orientalischer Goldschmied, der märchenhaften Schmuck herstellte. Ein Stück weiter kamen sie zu einem Verkaufsstand, in dem ein Händler Windlichter feilbot.

An der nächsten Ecke saß ein Gewürz- und Obsthändler. In seinen Körben lagen Obst, Nüsse und Gewürze aller Art zum Verkauf aus. Es herrschte ein unheimliches Menschengewühl in diesen engen Gassen. Ein undefinierbarer Geruch schwebte über dem Weihnachtsbasar. Es roch nach gebratenem Fisch, Gewürzen und gebrannten Mandeln.

Und dann gelangten sie in eine andere Trödlergasse. Eine winklig verbaute Schotterstraße mit Häusern, deren Giebel weit über das Fundament hinausragten und breite zackige Schatten warfen. Vor diesen Häusern standen mit Tannenzweigen geschmückte Verkaufsstände. Dort wurden Handarbeiten aus Seide, Porzellanvasen aus China und bunte Lackdöschen angeboten. In einigen Buden hingen Kräutersäckchen und Schnüre aus bunten Perlen. Eines lauten Rufs der Verwunderung konnte Natalie sich nicht enthalten, als sie hinter einem Verkaufsstand einen Engel antraf. Der Hintergrund war in einen blaulila Schimmer gehüllt. Ein Stückchen Paradiesgarten war es, was der Engel anbot.

„O fein!“ rief Natalie entzückt. „Ich wünsche mir einen Feengarten. Ich möchte, daß die Rotdornhecke vor unserem Küchenfenster erblüht und das Lied der Nachtigall wieder erklingt.“ Von einer blauen Zauberblume ließ der Engel kleine bunte Körnchen ganz vorsichtig in Natalies Hand rieseln. „Das sieht ja aus wie Saatgut“, meinte Natalie enttäuscht. „Von einem Paradiesgarten erwarte ich ...“ Da unterbrach sie der Engel.

„Du hast mich falsch verstanden. Ich verkaufe keinen fertigen

Garten. Ich verkaufe nur den Samen. Was daraus wird, liegt in deiner Hand. Vielleicht werden es Blumen des Glücks." Und mit den Worten: „Friede auf Erden" entschwand er ihren Blicken.
In einer goldenen Kutsche, mit zwei Schimmeln bespannt, fuhr St. Nikolaus vor. Sternenkinder, die den heiligen Mann begleiteten, verteilten Sterntaler an alle Weihnachtsmarktbesucher. „Das sind ja lauter Sternanis", wunderte sich Natalie.
Und dann klang vom Turme der Unterwasserkirche in langsamen, magischen Wogen die Glocke. Es schlug 10 Uhr. Nun gingen auf dem Weihnachtsmarkt die Lichter aus. Doch aus den schmalen, hohen Kirchenfenstern fiel heller Schein. Auf dem Basar wurde es still. Ein Licht nach dem anderen erlosch. Man spürte nur noch das Grün der duftenden Tannenzweige. Zuletzt brannte nur noch ein einziges Licht. Tiefer und dunkler wurden die Schatten, noch ein letztes Aufflackern, dann lag der Marktplatz in tiefer Dunkelheit. Feuchte Kälte legte sich über die Gassen. Kurze Zeit später sahen Natalie und Traumulus die Stadt schon hinter sich liegen. Sie näherten sich dem Saum eines Stadtwaldes. In den Tälern lagerte bereits schwerer Dunst und verhüllte die Ferne in ein Nebelreich.
Kein Mensch begegnete ihnen. Zuweilen fiel ein Ast herunter und ließ sie aufschrecken. Einmal sprang ein Hase vor ihnen über den Weg. Dann herrschte wieder unheimliche Stille.
Es fing an zu schneien. Zuerst nur ein paar Flöckchen. Doch schon bald befanden sie sich mitten in einem Schneegestöber. Der Mond spiegelte sich bleich auf dem weißen Schnee, und die Tannen warfen gespenstische Schatten. Irgendwo in den Bäumen vernahmen sie eine Eule.
Natalie überfiel eine seltsame Bedrücktheit. Es war eine Stille, so als wenn eine fühlbare Seele im Mondschein zitterte. Sie merkte zu spät, daß sie vom Weg abgekommen war. Schuld daran war das starke Schneetreiben. Die Wipfel der Bäume rauschten. Dann und wann fiel ein Schneeklumpen nieder. Doch sie ritt weiter über schneefunkelnde Höhen und große Wälder.
Plötzlich kam ihr der Weg bekannt vor. Unzählige Male war sie mit

Muckerl auf diesem Weg gewandelt. Und sie hatten sich immer ergötzt am Glitzern des Schnees, an den funkelnden Eiszapfen der Tannenzweige. So wie damals ritt sie jetzt mit Traumulus durch den Winterwald. Hoch über den Bäumen wachsend, mit goldflimmerndem Grün und mit weißen, wie Perlen schimmernden Beeren, hafteten die Mistelbüsche in den Ästen. Und sie ritt durch die nebelverhangene Pforte, aus blattlosen Zweigen eines Zauberbaumes. Irgendwo hinter dem Wald vernahm sie Hundegebell. In der Ferne war Schlittengeräusch zu hören. Und so kam sie, als schon der Morgen graute, an ein kleines Waldhaus. Schimmernd durch Gestöber und Nebel stand es da wie ein verschwommener Fleck mitten im Schnee.

Und sie trat ein. Die Stube war klein und niedrig, dunkel und warm. Aber sie fühlte sich heimisch, als Babuschka sie herzlich begrüßte. Im Steinofen brannte ein Feuer. In der besten Stube war der Tisch liebevoll gedeckt. Als ihre Augen sich an das Halbdunkel gewöhnt hatten, sah sie in der Ecke des Raumes ein niedliches Tannenbäumchen, auf deren Spitze eine kleine versilberte Nachtigall thronte. Die Lichter auf dem Bäumchen brannten so feierlich, als verkündeten sie einen geheimnisvollen Traum. Und dann sah sie Muckerl. In seinen großen schwarzen Augen spiegelten sich wie Sterne die Christbaumlichter. Ein wenig sorgenvoll musterte Babuschka ihr Tannenbäumchen. „Ich hoffe, deine Lebkuchenfiguren werden noch rechtzeitig zum Fest bei mir eintreffen, sonst müssen wir in diesem Jahr ohne Christbaumschmuck auskommen.“

Sajewka

Teil II

Meine kleine Lebkuchenwelt

Lebkuchenrezepte

Zutaten für das älteste,
aus dem 16. Jahrhundert überlieferte Lebkuchenrezept:

1 Pfund Zucker
1/8 lein Honig
4 Loth Zimet
1 1/2 Muskatrimpf
2 Loth Ingwer
1 Loth Caramumlein
1/2 Quentlein Pfeffer
1 Diethäuflein Mehl

Lebkuchen

Im alten Ägypten ließen sich die Pharaonen, wie Grabfunde bestätigen, Honigkuchen auch im Jenseits schmecken.
Der Name Lebkuchen soll von „Lebenskuchen" kommen. Das jahrhundertealte Lebkuchenrezept ist heute so beliebt wie damals.
Bei den Griechen wurde zur Zeit des klassischen Altertums der Höllenhund Zerberus mit dem köstlichen Backwerk besänftigt. Bei Festlichkeiten oder als Preis bei Festspielen reichten sie Kuchen aus Honig, Mehl und Gewürzen.
Die Römer übernahmen die Rezepte der Griechen und mischten Gewürze, Rosinen und Mandeln in den Teig.
Die alten Germanen aßen Lebkuchen zur Wintersonnenwende. Die Reste des Gebäcks wurden in den rauhen Nächten der Sturmgöttin Perchta geweiht. Der Honigkuchen sollte auch die Dämonen vertreiben. Sie nannten ihren Honigkuchen „Himmlisches Gebäck". Dazu tranken sie Met, ein alkoholisches Getränk aus gegorenem Honig mit Gewürzen.
Im Mittelalter waren es vor allem die Klosterküchen, die Lebkuchen herstellten.
Im 13. Jahrhundert wurden bei den Deutschen und Holländern alle fremden Gewürze als Pfeffer bezeichnet. Daher kommt auch der Name Pfefferkuchen.
Bereits zu Beginn des Mittelalters wurden auf Kirchweihfesten Lebkuchen in Gestalt von bestimmten Heiligen oder mit christlichen Motiven versehen angeboten. Die Heiligenfiguren sind bis auf eine Ausnahme (Nikolaus) aus dem Lebkuchenangebot verschwunden.
Um 1900 entstanden, angeregt durch die 1893 komponierte Oper „Hänsel und Gretel" Lebkuchenhäuschen, ausgestattet mit den Figuren von Hänsel und Gretel und einer Hexe, verziert mit Spritzguß und bunten Bonbons und Schokoladenplätzchen.

Gutes Gelingen und viel Freude bei der Weihnachtsbäckerei wünscht „M a n n e h m e".

Gerd, das Lebkuchenpferd

Zutaten:

200 g Butter
und Butter für das Blech
250 g Zucker
15 g Kakao
500 g Weizenmehl
375 g Puderzucker

1 Glas Bienenhonig
5 g Hirschhornsalz
5 g Pottasche
1 Prise Salz
Mandeln, Sukkade u.ä.
zum Verzieren.

Backanleitung:

Ich erklär's noch mal in Kürze,
Butter, Zucker und Gewürze,
Bienenhonig und Kakao,
abgewogen, sehr genau,
sollst du in dem Topf erhitzen,
darfst dabei auch ruhig schwitzen.
Aufgepaßt, und ja nicht dösen,
Zucker muß sich ganz auflösen.
Ist der Vorteig etwas kälter,
gibst du Mehl in den Behälter,
dazu eine Prise Salz,
Pottasche und Hirschhornsalz.
Eier mußt du noch verschlagen,
beim Adventsgedicht aufsagen,
zu der Honigmasse führen,
alles noch mal gut verrühren.
Danach kneten, und zwar tüchtig,
Teig muß glatt sein, das ist wichtig.
Diesen Teig stellst du alsbald
danach eine Stunde kalt.

Nach 'ner Stunde, soll'n wir wetten,
kannst du schon das Blech einfetten.
Dann nimmst du ein Nudelholz
und verstreichst den Teig und rollst
diesen bleistiftdick dann aus,
summst ein Lied vom Nikolaus.
Mit Schablonen und 'nem Messer,
geht's Figurenschneiden besser.
Und im vorgeheizten Herd,
200 ° wär nicht verkehrt,
soll's Pferdchen 10 Minuten backen,
inzwischen kannst du Nüsse knacken.
Nun endlich ist das Honigpferd
gebacken, und du nennst es „Gerd".
Vorsichtig lösen, mit Gefühl,
bist noch immer nicht am Ziel,
keinesfalls schon jubilieren,
mußt das Pferdchen noch verzieren.

Verzieren:

Eiweiß mußt du sehr steif schlagen,
hurtig, hurtig, nicht verzagen,
Puderzucker noch hinein,
Masse soll sehr locker sein.
Fertig ist der Zuckerguß,
weitermachen, kein Verdruß.
Etwas auf 'ne Platte geben,
Pferdchen soll nun darauf kleben.
Reste in den Beutel füllen,
nimm zum Spritzen Sahnetüllen,
und vom Schweife bis zum Rücken
Honigpferdchen damit schmücken.
Liebesperlen, süße Mandeln,
soll'n das Honigpferd verwandeln.

SCHABLONE

Kletzenbrot

Die ersten Lebkuchen waren mit Heilkräutern versetzte Fladen aus gekochtem Honig, Mehl und Pottasche. Dieses Gebäck wurde in Klöstern hergestellt, denn dort fiel reichlich Honig als „Nebenprodukt“ beim Kerzengießen an. Die armen Leute konnten sich den teuren Honig nicht leisten. Deshalb mußten sie sich mit Kletzenbrot begnügen. Das Gebäck bekam durch den Zusatz von Kletzen (getrocknete Birnen) seine Süße. Kletzenbrot kam bei den einfachen Leuten regelmäßig zu den Festtagen auf den Tisch. Und es wurde bereits Anfang Dezember gebacken und am Heiligen Abend feierlich verspeist. Das folgende Rezept, im Laufe der Zeit verfeinert, stammt aus Familienbesitz und dürfte an die 200 Jahre alt sein.

Zutaten:

500 g getr. Zwetschgen
500 g getr. Birnen
500 g getr. Feigen
200 g Rosinen
30 g Zitronat
50 g Pistazien
200 g Haselnüsse
120 g Mandeln
1/2 Btl. Lebkuchengewürz
250 g Puderzucker
1 Glas Zwetschgenwein
2,5 kg schwarzen Brotteig

Backanleitung:

Zubereitung ist ganz leicht,
Trockenobst wird eingeweicht,
und die Feigen fein geschnitten,
darum möcht ich herzlich bitten,
mit 'nem Gläschen Zwetschgenwein,
wird die Masse extra fein.
Hinterher rührst du ganz munter,
Zucker und Gewürze drunter.
Und beschwör auch keine Geister,
sondern geh zum Bäckermeister
und besorg am besten gleich,
einen schwarzen Roggenteig.
Alles zu dem Vorteig geben,
kräftig kneten, darf nicht kleben.
Form drei Weggen, nicht zu klein,
schieb sie in den Ofen rein.
Nach 'ner Stunde liegen frisch
Kletzenbrote auf dem Tisch.

Hutzelmännchen

Lebkuchen, oder auch Lebzelten genannt, wurden früher Wunderkräfte zugeschrieben. Geräusche, die während des Backvorgangs aus dem Ofen drangen, konnten „wahrsagen". Hörte es sich wie Weinen an, waren Unglücke nicht ausgeschlossen. Sang es aus dem Ofen, standen Glück und Wohlstand ins Haus.
Eduard Mörike schrieb ein wunderbares Märchen vom Hutzelmännchen. Durch die Zauberkraft des Hutzelmännchens wurde alle derbe Kraft und alle zarte Feinheit eines Stammes und einer Landschaft zu einer Einheit. Und diese Zauberkraft zog das gebackene Hutzelmännchen vor allem aus dem Saft der „Hutzeln" (Hutzeln sind gedörrte Birnenschnitze).

Zutaten:

500 g gedörrte Birnen
500 g Feigen
250 g Haselnüsse
250 g Mandeln
125 g Zitronat
1 Löffel Zitronenschalen
1 Löffel Lebkuchengewürz
250 g Zucker
40 g Hefe
1 kg Mehl
1/4 Liter Brühe (Birnenwasser)
1 Löffel Hagelzucker

Backanleitung:

Hutzelmann zieht Zauberkraft
aus dem süßen Birnensaft.
Alles Grobe, alles Feine,
dieses Hutzelbrot vereine.
Aus dem derben Völkerstamm
wurd der Wolf zu einem Lamm.
Bete, daß das Lamm der Herde,

nicht zu einem Werwolf werde.
Birnen, wirklich märchenhaft,
eingeweicht in dunkler Nacht.
Feigen, Nüsse, Zitronat,
und mit Mandeln nicht gespart.
Die Gewürze nicht vergessen,
Zucker, sehr gut abgemessen.
Alles mengen, gut verrühren,
darfst davon auch was probieren.
Zu der Hefe, das wär fein,
gibst du etwas Brühe rein,
läßt sie 10 Minuten stehn,
muß bei Wärme etwas gehn.
Vorteig mit dem Mehl verrühren,
laß dich nicht vom Wolf verführen.
Ist 'ne Stunde dann vergangen
und der Teig gut aufgegangen,
formst du dann ein paar Gestalten,
die ein Glückssymbol erhalten.
Nach dem Vorgang fängst du dann
gleich mit dem Verzieren an.
Zwei Rosinen, die was taugen,
setzt du ein, das sind die Augen.
Haselnüsse, Mandelkern,
hätte er als Knöpfe gern.
Für die Haare, das muß sein,
streust du Hagelzucker rein.
Heiß gebacken wirds gut schmecken
und die guten Geister wecken.
Nur die bösen Ungeheuer,
die verbrennen dann im Feuer.
Ist dein Hutzelbrot geglückt,
ist der Hutzelmann entzückt.
Kannst den Tisch ja schon mal decken,
laß dir's Hutzelmännchen schmecken.

Tannenzäpfle

Mühsam stapfen Natalie und Muckerl durch den tiefen Schnee, den steilen Waldweg hinauf. An kaum verwehten Fußspuren sehen sie, daß schon vor ihnen jemand hier gegangen sein muß. Da fällt es ihnen ein, Donnerstag ist's und die Spuren werden wohl von der weißen Frau sein. Sie gehen noch eine Weile dahin und schauen auf eine seltsam verschneite Tanne ...

Zutaten:

500 g Honig
250 g Zucker
200 g Mandeln (gemahlen)
200 g Haselnüsse (gemahlen)
500 g Mehl
50 g Zitronat
50 g Orangeade
40 g Butterschmalz
10 g Zimt
1 Löffel Zitronenschalen
etwas Muskatnuß
1 Messersp. Nelkenpulver
1/2 Tasse Schlehensaft
1 Teel. Pottasche
1 Teel. Hirschhornsalz
Mandelblättchen,
Hagelzucker zum Verzieren
Puderzucker zum Streuen

Backanleitung:

Nimm vom Honig nicht zu wenig,
rühr's mit Zucker ziemlich cremig.
Zitronat sehr klein gehackt,
Nüsse sind auch schon geknackt.
Hoffe, daß die Menge stimmt,
bei den Nelken und beim Zimt.
Mandeln und Muskat gemahlen,
und dazu Zitronenschalen,
Schlehensaft gieß noch hinein,
denn der Teig soll locker sein.
Pottasche und Hirschhornsalz
und ein wenig Butterschmalz.
Masse mischen, unter Rühren,
mußt du noch das Mehl zuführen.
Alles kneten und zwar tüchtig,
darf nicht kleben, das ist wichtig.
Laß den Teig 'ne Stunde liegen,
kannst ja schon die Förmchen kriegen.
Brauchst nicht durch den Schnee zu stapfen,
form dir selber Tannenzapfen.
Aus dem Rest mach kleine Sterne,
leg darauf die Mandelkerne.
Stell den Herd auf Mittelhitze,
Blech schieb auf die höchste Ritze.
Kannst schon in den Ofen schaun,
ob die Plätzchen kross und braun.
Leise, wie die Märchenfee,
streu darauf den Zuckerschnee.
Tannenzäpfle, frisch serviert,
jede Kaffeetafel ziert.
Kannst damit den Freund beglücken
oder deinen Christbaum schmücken.

Christkindtunke

Christkindtunke nannte man im Sudetenland die braune, mit Pfefferkuchen bereitete Soße, die am Heiligen Abend zu Knödeln gereicht wurde. Nach dem Festmahl wurden vom Vater an jedes Familienmitglied vier Haselnüsse verteilt. Jede Nuß war für eine Jahreszeit bestimmt. Je nach Zustand des Kerns wurde das Schicksal für das kommende Jahr vorausgesagt.

Zutaten:

40 g Mehl
60 g Butter
80 g Rosinen
2 Löffel Semmel
4 ganze Haselnüsse

1/4 Liter Apfelwein
1 Löffel braunen Zucker
2 Nelken
1 Schuß Essig
1 Kaffeetasse Lebkuchenreste

Backanleitung:

Und zum Schluß das Allerbeste
waren Honigkuchenreste.
Früher wurd', das müßt ihr wissen,
nicht ein Krümel weggeschmissen.
Zuerst etwas Butter schmelzen,
Mehl und Semmel darin wälzen.
Dann erhitze Apfelwein,
tu den Lebkuchen hinein.
Nelken gib dann zu dem Sud,
und verrühre alles gut.
Essig, einen guten Schuß,
Zimt, Rosinen und zum Schluß
braunen Zucker drüberstreuen,
darfst dich auf die Suppe freuen.

Teil III

Ein Hauch von Zimt und Honig

Gewürzbeschreibung in Versen

Bibelvers:

„Und der Herr redete mit Mose und sprach:
Nimm dir die beste Spezerei: die edelste
Myrrhe, fünfhundert Lot, und Zimt, die
Hälfte davon, zweihundertfünfzig, und Kalmus,
auch zweihundertfünfzig Lot, und Kassia,
fünfhundert nach dem Gewicht des Heiligtums,
und eine Kanne Olivenöl. Und mache
daraus ein heiliges Salböl nach der Kunst
des Salbenbereiters. Und du sollst damit
salben die Stiftshütte und die Lade mit dem Gesetz.“
(2. Mose 30:22-26)

Gute Butter

Soll der Tag dir Freude bringen,
lasse froh ein Lied erklingen.
Zutat eins, rät Urgroßmutter,
ist und bleibt die gute Butter.
Nur so kann ein Teig gelingen.

Was Buttermolki erzählt

Nirgendwo auf einer Wiese,
gibt es eine Kuh wie diese,
liebt die Freiheit, nicht den Zaun,
und ihr Fell ist rötlich-braun.
Sie ist stolz nicht ohne Grund,
auf ihr Kälbchen „Kunterbunt“.
Sie mag Blumen, Gräser, Klee,
ihre Milch ist weiß wie Schnee.
Aus der Milch macht man die Butter,
ob sie gut wird, liegt am Futter.
Auf der Alm, in manchen Hütten,
schlägt man Milchfett in den Bütten.
Und man stößt sie, wird ganz lahm,
Butter wird dann aus dem Rahm.
Mit dem Schuften ist's vorbei,
heute gibt's die Molkerei.
Zentrifugen filtern aus
frischer Milch den Rahm heraus.
Maschinell pasteurisieren
die Maschinen, und sie rühren
ganz exakt dies Fettgemisch,
so wird Butter tafelfrisch.
Als Getränk bleibt dann zum Glück,
noch genügend Milch zurück.

Buttermolki fertigt Butter
nach Rezept der Urgroßmutter.
Soll die Butter nicht so tranig,
sondern golden sein und sahnig,
gießt er Milch ins Butterfaß,
schleudert ohne Unterlaß.
Butterflöckchen wie 'ne Wolke,
schwimmen dann auf dieser Molke.
Und im schnellen Schleudergang
wird gebuttert mit Gesang.
Gut gelaunt, mit frohem Mut,
wird die Butter extra gut.
Gute Butter braucht der Gerd,
unser Honigkuchenpferd.

Bienenhonig

Honig, Zutat Nummer zwei,
Bienchen schafft ihn schnell herbei.
Honig soll man leicht erhitzen,
und man darf dabei auch schwitzen,
denn das macht die Poren frei.

Was die Biene Blütentau erzählt

Jeder kennt mich ganz genau,
bin die Biene Blütentau.
Und mit vielen fleißigen Bienen
will ich auch der Königin dienen.
Die bewohnt den schönsten Raum
hier in diesem hohlen Baum.
Sechseckig sind unsre Zellen,
die wir in die Mitte stellen.
Wenn wir Wachs gesammelt haben,
bau'n wir daraus Bienenwaben.
Zwanzigtausend Bienen wohnen
hier im Stock, ein Viertel Drohnen.
Und ob draußen oder drinnen,
wirken die Arbeiterinnen.
Heute wird getanzt, gelacht,
weil die Königin Hochzeit macht.
Und mit Drohnenkönig Hans
tanzt sie nun den Hochzeitstanz.
Auch ich tanze auf der Wabe,
bring der Königin die Gabe.
Und die Königin gebar
eine große Kinderschar.
Und die jungen Larven wollen,
aus dem Nektar und den Pollen,

*täglich ihren Honigbrei,
das ist eine Schufterei.
Denn um Blütenstaub zu kriegen,
müssen wir dann sehr weit fliegen.
Wir bestäuben immer wieder
Wiesenblumen und auch Flieder.
Und als Dank für unsere Mühen
fangen sie dann an zu blühen.
Und wir fliegen das ganze Stück
dann zu unserem Bau zurück.
Wer in unsre Höhle schaut
und den süßen Honig klaut,
der kennt nicht die tausendfache,
giftig-feurige Bienenrache.
Denn wer uns zu nahe kommt,
der spürt uns'ren Stachel prompt.
Etwas Honig kriegt der Gerd,
unser Honigkuchenpferd.*

Zucker

*Zucker, knapp ein halbes Pfund,
sage ich nicht ohne Grund,
und nicht mehr, es bleibt dabei,
ist die Zutat Nummer drei,
denn zuviel ist ungesund.*

Was die Zuckerrohrpflanze erzählt

*Süß und kernig kennt ihr mich,
Sakkara, so nennt man mich.
Bambusartig ist mein Rohr,
kam zuerst in Indien vor.
Sehe aus wie hohes Gras,
drei, vier Meter, so mein Maß.
Nach der Ernte werd ich fest,
maschinell dann ausgepreßt.
Dunkelbraun, unraffiniert,
wird gekocht und aussortiert.
Nach Beschaffenheit und Klasse
werde ich dann zur Melasse.
Beta-Vulgarisium,
Muscovado Saccharum
werd ich fachmännisch genannt,
Zucker ist schon mehr bekannt.
Zucker ist ein Zauberwort,
Zucker gibt's an jedem Ort.
Und damals im Mittelalter
wurde ich vom Festgestalter,
wenn ein neuer Prinz geboren,
für die Tafel auserkoren.
Ja, man liebt mich überall,
funkel wie ein Bergkristall.*

Früher war ich rar und teuer
deshalb gab's die Zuckersteuer.
Nur die Kaiserin in Wien,
lutschte mich als Medizin.
Nicht so klar, ein wenig trübe,
leb ich in der Zuckerrübe.
Werd in Feldern angebaut,
aus mir wird dann Rübenkraut.
Kluntje nenn'n mich die Ostfriesen,
und es ist schon längst bewiesen,
die Ostfriesen sind nicht dumm,
trinken mich in Tee und Rum.
Und im schönen Märchenland
wird mein Name oft genannt.
Nußknacker und Mäusekönig
lutschten Zucker, und nicht wenig.
Und die gute Zuckerfee
wohnt im Schloß aus Zuckerschnee.
Zucker mag sogar der Gerd,
unser Honigkuchenpferd.

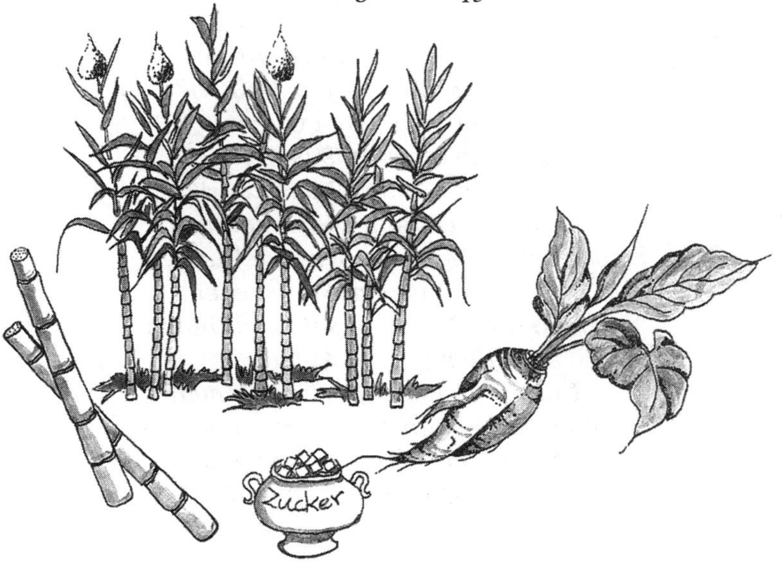

Anis und Sternanis

Zutat vier, das ist Anis,
den man vorher mahlen ließ.
Jeder kann ihn gut vertragen,
ist 'ne Wohltat für den Magen.
Das gilt auch für Sternanis.

Was Anisett erzählt

Ja, der Somme war sehr heiß,
und ich blühe gelblich weiß.
Meine Früchte teilen sich
in zwei Samen äußerlich.
Gräulich-grün, so ist mein Samen,
als Likör kenn'n mich die Damen.
Wechsel ich mein Farbenkleid,
dann beginnt die Erntezeit.
Sechzig Zentimeter hoch,
vielleicht etwas höher noch,
wachse ich und bin ein Kraut,
werd in Gärten angebaut.
Stamme aus dem Orient,
wo man mich Anisus nennt.
Samenkorn schmeckt wie Lakritze,
löscht den Durst bei Sommerhitze,
würzt den Tee und auch den Kuchen,
kannst es ja einmal versuchen.
Genieß das Fest, und sei nicht dumm,
mit Pimpinella Anisum.
Und so mancher freche Lümmel
nennt mich einfach „Süßer Kümmel".
Aniskörner braucht der Gerd,
unser Honigkuchenpferd.

Sternanis

Sternanis, getaucht in Gold,
oder pur, so wie ihr wollt,
wächst im Feen-Kräutergarten.
Im Advent, so laß dir raten,
dies Gewürz nicht fehlen sollt'.

Was der Sternenbaum erzählt

Ich, Sternanis, bin sehr bekannt,
häng im Advent an jeder Wand,
gebunden zu 'nem Kräuterstrauß,
erfüllt mein Duft das ganze Haus.
Ich komme aus dem Orient,
wo man mich Japonicum nennt.
Ein immergrüner Sternenbaum,
zwölf Meter circa, höher kaum.
Bin mit Magnolien nah verwandt,
doch liebe ich das Tropenland.
Meine Früchte sind rotbraun
und sind herrlich anzuschau'n.
Wie kleine Sternchen, so mein Samen,
als Anisett kenn' mich die Damen,
und als Ouzo und Pernod
kennt mich jeder sowieso.
Jeder liebt mich, hat mich gern,
achtzackig, so ist mein Stern.
Fossilien können nun beweisen,
wenn wir Vergangenheit durchreisen,
daß Sternchen vor Millionen Jahren
im Rheinland schon verbreitet waren.
Laß dir raten, schau dich um,
Illicium religiosum

heiß ich in Japan, und nicht selten
soll ich dort als sehr giftig gelten.
China-Likör, exotisch fein,
Mao Tai Djiu, Rezept geheim,
und das schon seit 2000 Jahren,
Chinesen dies Geheimnis wahren.
Ich schmeck in Fruchtsirup, in Tee,
besonders fein in Fruchtgelee.
Mach mit mir einmal den Versuch,
denn ich verbreite Wohlgeruch.
Auch in der Weihnachtsbäckerei
ist Sternanis wie Zauberei.
Zaubersternchen braucht der Gerd,
unser Honigkuchenpferd.

Koriander

Mit der fünf, dem Koriander,
mischt man alles durcheinander.
Frisches Kraut riecht sehr verwegen,
kann den Appetit anregen.
Davon schwärmt der Alexander.

Was der Koriander erzählt

Coriander satium,
jeder dreht sich nach mir um.
Leute gibt's, die mich verspotten,
habe Wurzeln wie Karotten.
Meine Früchte, kleine Knicker,
wie Johannisbeeren, nicht dicker.
Lila-weiß sind meine Blüten,
vor dem Kraut muß man sich hüten.
Junges Blatt schmeckt stark und bitter,
wie ein grollendes Gewitter.
Sind in deinem Zimmer Wanzen,
vertreib sie mit Korianderpflanzen.
Und bekommst du starke Krämpfe,
helfen Korianderdämpfe.
Junges Kraut riecht fürchterlich,
glaube mir, das ändert sich.
Nach der Reife füllt mein Duft
ganz verführerisch die Luft.
Kräuterfee nimmt dann den Spaten,
gräbt mich ein in ihrem Garten.
Durch den Zauberkoriander
finden Paare zueinander.
In der Küche die Ottilie
nennt mich zärtlich „Petersilie".

Reifes Kraut ist ohne Strenge,
auch bei einer großen Menge,
kann ich jeder Speise dienen,
im Geschmack wie Apfelsinen.
Lebkuchen und Pfeffernuß
wird durch mich zum Hochgenuß.
Und ich zaubere Harmonie,
auch im Kräuterpotpourri.
Karl der Große nannte mich „Holde,
wunderbare Küchendolde“.
Sogar König Salomon
sang in seinem Lied davon.
Aber heute braucht mich Gerd,
unser Honigkuchenpferd.

Ingwer

Nimm vom Ingwer, Nummer sechs,
soviel wie ein Tintenklecks.
Honigpferdchen wird zum Schmaus,
und im Pfefferkuchenhaus
würzt damit die Kräuterhex.

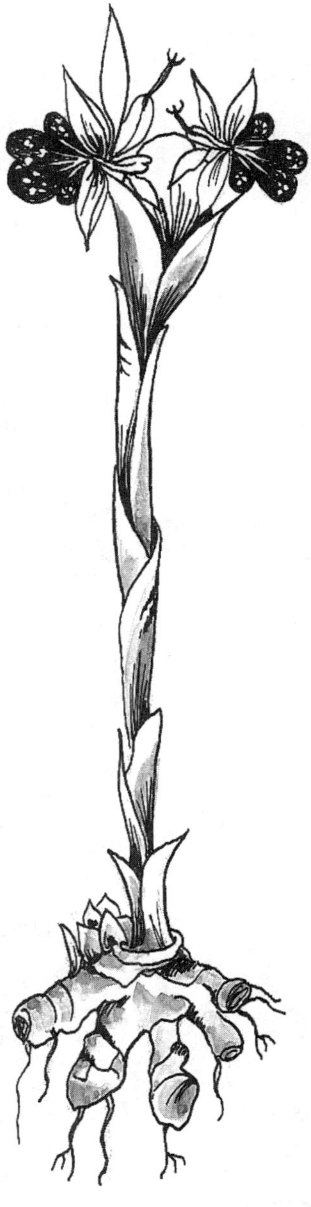

Was der Ingwer erzählt

Mein Name klingt wie Götterklang,
in China nennt man mich „Cheng-Kiang",
in Indien heiß ich „Gingebil",
das sagt dir sicher auch nicht viel.
Früher hieß ich „srngaveram",
das hört sich wirklich seltsam an,
und das bedeutet „Kleines Horn",
für sie war ich ihr Lebensborn.
Vom Landweg übers große Meer
kam ich einst aus Südasien her.
Sogar Konfuzius gab den Rat:
„Hab immer dies Gewürz parat,
denn sonst dreht sich, das wäre dumm,
auf hoher See dein Magen um."
Machst du nach Indien eine Reise,
fehlt dies Gewürz in keiner Speise.
Was soll ich sonst noch von mir sagen?
Ich bin sehr gut für jeden Magen.
Wie Schilf, so ähnlich ist mein Blatt,
was gelblich-lila Ränder hat.
Die Wurzel sieht aus wie 'ne tolle,
geheimnisvolle Zauberknolle.
Und diese Knolle braucht der Gerd,
unser Honigkuchenpferd.

Muskatnuß

Die Muskatnuß, Nummer sieben,
schmeckt am besten fein gerieben.
Nicht zuviel darüberstreuen,
sonst wirst du die Tat bereuen,
so stets im Rezept geschrieben.

Was der Muskatnußbaum erzählt

Früher konnten nur Molukken
den Muskatnußbaum begucken.
Doch die Kolonisten kamen
und beschlagnahmten den Samen.
Aber viele wilde Tauben
konnten dieses Saatgut rauben.
Da half auch kein Militär,
flogen einfach übers Meer.
So wurd ich im fremden Land
durch die Taube sehr bekannt.
Ich war für besond're Gäste
als Geschenk das Allerbeste.
Und man rieb, ich sag und schreibe,
mich mit einer gold'nen Reibe.
Auch die Heil'ge Hildegard
hielt Muskatnuß stets parat.
Und sie nahm sie gegen Schmerzen,
gegen Bitterkeit im Herzen.
Süß und nussig schmecke ich,
und exotisch sicherlich.
So wie Pfirsiche im Baum,
doch so riechen tu ich kaum.
Wohn in immergrünen Zweigen,
wer mich will, muß sehr hoch steigen.

Steh ich dann in voller Fülle,
wird kaminrot meine Hülle.
Jeder Baum, der trägt zum Glück
mindestens zweitausend Stück.
Sparsam soll man mich dosieren,
nicht so viel von mir probieren.
Als Gewürz in Punsch und Wein
schmecke ich besonders fein.
Magisch wie ein Zaubertrank,
werde „Macis“ ich genannt.
Nimmt man mich als Medizin,
nennt man mich „Myristicin“.
Myristicin bekommt der Gerd,
unser Honigkuchenpferd.

Gewürznelken

Nelkenpulver, Nummer acht,
habe ich dir mitgebracht.
Nimm nur wenig, nicht zuviel,
damit kommst du auch zum Ziel,
und das Honigpferdchen lacht.

Was der Nelkenbaum erzählt

Bin ein immergrüner Baum,
vierzehn Meter hoch, mein Traum.
Meine Blüten, noch nicht offen,
leuchten rosa, und sie hoffen,
daß die Früchte, diese herben,
reifen und sich gelblich färben.
Wuchs zuerst bei den Molukken,
brauchst nicht lange rumzugucken,
rieche schon aus weiter Ferne,
auf der Insel leb ich gerne.
Sindbad kam einst übers Meer,
seine Truhen war'n nicht leer,
Kokosnuß und Elfenbein,
tauscht' er gegen Nelken ein.
Portugiesen hielten wohl
das größte Nelkenmonopol.
Und es schrieb die Historie,
Händler aus der Kolonie
wollten meine Frucht vernichten
und ihr eig'nes Saatgut züchten.
Doch die Göttin aller Nelken
ließ mein' Blütentraum nicht welken,
und nun bringt man am Altar
mich als Opfergabe dar.

Hör mir zu und laß dir raten,
schmecke gut zu Schinkenbraten.
Und ich schmecke ganz bestimmt
gut zu Apfelpunsch mit Zimt.
Und als Antiseptikum
fällt jede Bakterie um.
Honigkuchen, sagt der Bäcker,
wird durch mich erst richtig lecker.
Und nun sag ich klipp und klar:
„Mein Name ist Eugenia
Nelkenpulver Syzgium
Myrtus Aromaticum."
Nelkenpulver braucht der Gerd,
unser Honigkuchenpferd.

Zimt

Zimt, das ist die Nummer neun,
mußt du noch darüberstreu'n.
Fehlt in keinem Honigkuchen,
kannst es ja einmal versuchen,
wirst dich übers Backwerk freu'n.

Was der Zimtbaum erzählt

Jeder kennt mich sicherlich,
aus Sri Lanka stamme ich.
Wachsen tu ich immer noch,
werde bis drei Meter hoch.
Meine Rinde ist hellbraun,
bin beliebt bei allen Frau'n.
Fange ich dann an zu reifen,
trocknet man die dünnen Streifen.
Werd auch Kassia genannt,
bin mit Lorbeeren verwandt.
Jeder möchte mich begehren,
lila-weiß sind meine Beeren.
Meine Blüten sind schneeweiß,
und was nicht ein jeder weiß,
die Bundeslade wurd mit Zimt
gesalbt von Moses, und das stimmt.
Und auch König Salomon
sang in seinem Lied davon,
denn das Heilige Öl im Land,
was aus Kassia-Zimt bestand,
war zu dieser biblischen Zeit
die Salbung für Unsterblichkeit.
In Punt, dem sagenhaften Land,
'ne Expedition den Zimtbaum fand.

Die Pharaonin Hatschepsut
gab Zimt für Tapferkeit und Mut.
Sogar Kaiser Vespasian
brachte im Tempel Kränze an,
aus purem Gold, gefüllt mit Zimt,
er Göttin Isis milde stimmt.
Zimtöl, gewonnen aus dem Blatt,
schenkt Ruhe und ist gut für's Bad.
Zimtrindenöl ja nicht verschwenden,
soll man als Medizin verwenden.
Und wenn die erste Kerze brennt,
duften Zimtsterne im Advent.
Manis kayu, süßes Holz,
sagten die Malaysier stolz.
Süßes Holz, das braucht der Gerd,
unser Honigkuchenpferd.

Kardamom

Mit der zehn, dem Kardamom,
würzte der Zwerg Nase schon.
Wer die gute Küche kennt,
öfter diesen Namen nennt.
Das gehört zum guten Ton.

Was der Kardamom erzählt

Meine Blüten sind sehr schön,
blühen zart wie Orchideen.
Sind die Blüten erst gereift,
leucht ich lila-weiß gestreift.
Bin mit Ingwer nah verwandt,
werde „cardamomum“ genannt,
und auch „Eletteria“
auf lateinisch, ist doch klar.
Meine Früchte, schwarz-braun-grün,
sollte man nicht übersehn.
Sitze an sehr langen Reben,
alles bleibt an ihnen kleben.
Dies Gewürz wächst nicht auf Feldern,
nur in Bergen, tief in Wäldern.
Wirke als Parfüm betörend,
und bei Schlangengift zerstörend.
Ob als Mischung oder schier,
arabisch heiß ich „Wildes Tier“.
Von den Persern wird berichtet,
ich hätte ihren Feind vernichtet,
dem sie mischten Kardamom
unter Schlangengift und Mohn,
füllten's auf mit Honigwein,
davon schlief der Feind dann ein.

Ich besitze Zauberkraft,
die Böses aus dem Wege schafft.
Im Orient hat man erzählt,
als teuerstes Gewürz der Welt,
wurd ich nach 1001 Nacht
dem Emir als Geschenk gebracht.
Drei Könige aus dem Morgenland,
die haben meinen Wert erkannt,
sie würdigten den Gottessohn
mit Myrrhe, Weihrauch, Kardamom.
Verschaffe jedem Festbankett
dezent das richtige Bukett.
Und in der Weihnachtsbäckerei
ist Cardamomum stets dabei.
Kardamom braucht auch der Gerd,
unser Honigkuchenpferd.

Kakao

Nummer elf, das ist Kakao,
nicht zu stark und nicht zu flau.
Fehlt die Zutat, das wär schade,
schmeckt es nicht nach Schokolade,
sagt die Honigkuchenfrau.

Was der Kakaobaum erzählt

Kennen tut mich fast ein jeder,
meine Blätter, zäh wie Leder,
meine Blüten rosa-weiß,
ja, man liebt mich kalt und heiß.
Meine Beeren sind oval,
vor der Reife etwas fahl,
später werden sie rotbraun
und sind herrlich anzuschaun.
Wachse auf Plantagenfeldern,
liebe auch die Regenwälder.
Sieben Meter werd ich fast,
Hitze, Sturm sind mir verhaßt.
Die Azteken war'n mir hold,
ihr Gefäß aus purem Gold
füllten sie mit Göttertrank,
glaubten, würden nie mehr krank.
Und hielt Montezuma Rat,
gab es sehr viel Chocolat.
Jeder mag mich, ist doch klar,
komme aus Amerika.
Und vermischt mit salz'ger Sole,
heiß in Mexico ich Mole.
Dick und ölig war Kakao,
doch die Menschen, die sind schlau,

denn mit Ingenieur van Houten,
Holländer 'ne Presse bauten.
Und zurück blieb, nach Versuchen,
eine Masse, so wie Kuchen.
Und in England Josef Fry
mischte Zucker zu dem Brei.
Und der Schweizer Daniel Pieter,
goß dazu noch ein paar Liter
Milch, natürlich kondensiert,
Schokolade war kreiert.
Ja, die herrlich braunen Bohnen,
die vertreiben Depressionen.
Ach, was wär das Leben fade,
gäb es keine Schokolade.
Schokolade braucht der Gerd,
unser Honigkuchenpferd.

Weizenmehl

Nummer zwölf, das Mehl, ist wichtig,
wird geknetet, und zwar tüchtig.
Nach dem Kneten stellt man bald
diesen Teig 'ne Stunde kalt.
So wird's Backwerk immer richtig.

Was der Weizen erzählt

Zwischen Roggenfeld und Mohn
stand ich in der Steinzeit schon.
Und lateinisch „Triticum"
hieß ich einst im Altertum.
Bin sehr eng mit Gras verwandt
und als Weizen gut bekannt.
Gehör ich zu der Einkorn-Gruppe,
macht man aus mir Graupensuppe.
„Triticum monococcum"
nannte man mich wiederum.
Hab ich Körner an zwei Seiten,
kann man Grünkern zubereiten.
„Triticum aetivum"
heißt der neue Weizen nun.
Wurd veredelt in der Zucht,
eiförmig ist meine Frucht.
Habe Grannen kurz und kräftig,
lieb den Boden nahrhaft, deftig.
Steh ich mäßig warm im Freien,
werd ich wachsen und gedeihen.
Nach dem Reifen wird gemäht,
Sense wirkt von früh bis spät.
Ja, so ist mein Lebenslauf,
man stellt mich zu Stiegen auf,
wie ein Indianerzelt

steh ich auf dem Stoppelfeld.
Alle Halme werden gehäckselt,
auf der Tenne wird gedrechselt,
mit Geratter wird rotiert,
Körner werden aussortiert.
Eine Trommel schlägt mich kräftig
und entkornt mich ziemlich heftig.
Doch mein Tagwerk steht nicht still,
weil der Müller mahlen will.
Seine Windmühle im Land,
die ist überall bekannt.
Und mit Körnern voll beladen,
muß sich nun die Mühle plagen.
Wenn die Winde günstig wehn
und sich dann die Flügel drehn,
fangen alle Räder dann,
von allein zu laufen an.
Und der Mühlstein, das muß sein,
mahlt das Korn zu Mehl, ganz fein.
Und aus dieser Müllerei,
holt ihr nun das Mehl herbei.
Weizenmehl, das braucht der Gerd,
unser Honigkuchenpferd.

Pottasche

Nummer dreizehn, Unglückszahl,
hab nur Mut, versuch es mal.
Soll der Teig sehr locker sein,
muß die Pottasche hinein,
hast gar keine andre Wahl.

Was die Pottasche erzählt

Früher war's ein Abenteuer,
ich entstand in Rauch und Feuer,
wurde ausgelaucht, verdampft
und der Pflanzenrest gestampft.
Und mit Ausdauer und Mumm,
entstand so das Kalium,
kohlensaures Karbonat.
Auch schon Oma gab den Rat:
„Pottasche vermengt den Teig
und macht ihn besonders weich."
Pottasche braucht auch der Gerd,
unser Honigkuchenpferd.

Hirschhornsalz

Hirschhornsalz, die Nummer vierzehn,
läßt den Teig dann schneller aufgehn.
Er wird locker und ganz weich,
wird ein Superkuchenteig,
wie ein Kunstwerk, wirst schon sehn.

Was das Hirschgeweih erzählt

Aus alter Zeit wird nun erzählt,
fürs erste Treibmittel der Welt,
gingen die Jäger auf die Pirsch,
nahmen das Horn von einem Hirsch,
zerstießen es mit einem Stein
zu Pulver, und das extra fein.
Doch heute gibt's im Fertigpack,
das kohlensaure Ammoniak,
und dieses Salz zerfällt, man sieht,
in Wasser, Kohlendioxyd.
Bei Flachgebäck wird nun erreicht,
daß sehr schnell Ammoniak entweicht.
Doch backst du einen hohen Kuchen,
mußt du's mit Backpulver versuchen.
Hirschhornsalz braucht auch der Gerd,
unser Honigkuchenpferd.

Salz

Nummer fünfzehn, Salz der Erde,
brauchen Honigkuchenpferde.
Doch nur eine kleine Prise,
nimmst du mehr, läuft auf der Wiese,
eine wildgeword'ne Herde.

Was der Salzsee erzählt

Früher war das Salz sehr teuer,
mancher zahlte seine Steuer
mit dem Salz, tief aus dem Meer,
die Gewinnung war sehr schwer.
Salzbänke, die trocken lagen,
das berichten alte Sagen,
wurden, und das früher schon,
überlagert mit viel Ton.
Und bei warmem Sonnenschein
dampfte nun das Wasser ein.
Heißer Sommer war Bedingung
für 'ne reiche Salzgewinnung.
Und als gute Vorratsstuben
dienten tiefe, kühle Gruben.
Heute können die Salinen
auch zur Salzgewinnung dienen.
Und es riecht wie an der Küste.
Über Schwarzdornbuschgerüste
rieselt, wie nach alter Weise,
Steinsalzkohle, sacht und leise.
Salze, Gips und Kalzium
und auch das Magnesium
scheiden aus der Sole aus,
Speisesalz wird nun daraus.

Dabei gibt's auch keine Pannen,
denn in große Siedepfannen
fließt die Sole nun hinein,
ja, Salinensalz schmeckt fein.
Wasserlösung aus der Quelle,
das wird hier an Ort und Stelle
wirklich fachgerecht behandelt,
und in Kochsalz umgewandelt.
Ja, mit Salz würzt man das Essen,
doch man muß sorgfältig messen.
Sind die Speisen mal versalzen,
muß man mit der Zunge schnalzen.
Ohne Salz schmeckt alles flau,
sagt die Honigkuchenfrau.
Eine Prise, meint der Bäcker,
davon schmeckt der Kuchen lecker.
Etwas Salz braucht auch der Gerd,
unser Honigkuchenpferd.

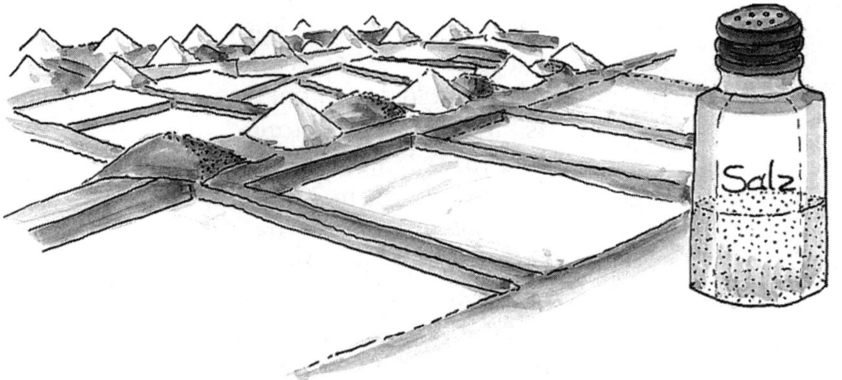

Eier

Nummer sechzehn, für ein Ei
gehst du in die Meierei.
Dort gibt es ein Wunderhuhn,
nicht ein Huhn, was alle tun,
dies legt täglich zwei.

Was das Wildhuhn erzählt

Bin ein Wildhuhn, heiße Freya,
von der Insel in Malaia.
Bin vom Bankivahuhnstamm,
hab Kinnlappen, roten Kamm.
Schnabel, der ist hart und stark,
was mir manchen Ärger spart.
Und aus Horn sind Lauf und Zehen,
damit kann ich scharren gehen.
Ich bin furchtbar wasserscheu,
doch dem Staubbad bleib ich treu.
Wasser schöpf ich mit dem Schnabel,
das geht einfach und passabel,
hebe meinen Kopf dabei,
und mein Schlund wird somit frei.
Ja, ich fresse nur bei Licht,
denn im Dunkeln seh ich nicht.
Abends sitz ich auf der Stange,
fall nicht runter, keine Bange,
denn mit Muskelkraft und Mumm,
klammert sich mein Fuß darum.
Meine Schwester, die ist arm,
wohnt auf einer Hühnerfarm.
Ihr Hühnerleben, das ist schwer,
ihr Käfig, der hat ungefähr

die Größe eines Schuhkartons,
zum Eierlegen geht das schon.
Sie kennt kein Gras, kein Kikriki,
ihr Leben ist die Batterie.
Tag und Nacht brennt hier das Licht,
auf Stangen ruhn, das kann sie nicht.
Verlassen, ohne jeden Mut,
genau so ist es mit der Brut.
Mit Brutmaschinen geht es schnell,
sortiert werden sie maschinell.
Es gibt Eier, meist ovale,
alle haben 'ne Eierschale.
In der Mitte liegt im Ei
ein gelbes Dotter, manchmal zwei,
Keimscheibe und Dotterhaut,
ja, so ist das Ei gebaut.
Eiklar und die Hagelschnur,
Luftkammer und Eihaut pur.
Und in etwa so drei Wochen
kommt das Küken rausgekrochen.
Ein Tag vor'm Schlüpfen piept es laut,
den Eizahn durch die Schale haut,
dann hat's aus eigener Kraft,
den Weg ins Leben fast geschafft.
Naß und müde liegt es da,
ein Flaumbällchen ganz wunderbar.
Die Glucke führt es stolz spazieren,
wärmt es, das Küken braucht nicht frieren.
So war es einmal Gottes Wille,
er schuf die herrliche Idylle,
für Mensch und Tier sollt es auf Erden
ein Paradies für alle werden.
Wildhuhneier braucht der Gerd,
unser Honigkuchenpferd.

Mandeln

Nummer siebzehn, von den Mandeln,
davon soll die Story handeln.
Ohne Mandeln wird der Gerd
nie zum Honigkuchenpferd.
Zauberfee wird ihn verwandeln.

Was der Mandelbaum erzählt

Seh aus wie ein Pfirsichbaum,
rosa Blüten wie ein Traum,
weidenartig spitze Blätter,
und ich liebe Tropenwetter.
Kam einst von Kleinasien her,
lebe auch am Mittelmeer.
Bin ein Rosengewächsbaum,
werd acht Meter, höher kaum.
Ich vermiß den Orient,
meine Frühlingssehnsucht brennt
tief im Herzen, draußen schneit's,
doch ich Mandel blüh bereits.
Deshalb rügt man bei der Mandel
ihren leichten Lebenswandel,
denn im Februar, Anfang März,
fühl ich noch den Winterschmerz
„Amygdalus amara“,
das heißt „bitter“, ist doch klar.
Möchtest du mich lieber süß,
nenne mich „Prunus dulcis“.
Und damals im Altertum,
brachten Mandelbäume Ruhm,
denn man trieb sehr reichlich
Handel mit dem Öl der süßen Mandel.

Für die Jugend ein Idol,
auch ein Fruchtbarkeitssymbol.
In der Christenheit ist klar,
ich Symbol für Reinheit war.
„Muttergottes Mandelblüte“
dich vor jedem Unheil hüte.
Blühn die Mandeln zart wie Rosen,
soll die Muse dich liebkosen.
Die Kosmetik kann mit Mandeln
dich verschönern, dich verwandeln.
Nach der Kur könn'n alle Frauen
wieder in den Spiegel schauen.
Rosenwasser Amaretto,
Zuckermandeln allegretto,
Mozartkugeln und Konfekt
ohne Mandeln nicht gut schmeckt.
Und das Schwein aus Marzipan
hat's den Leuten angetan.
Bittermandel, sag ich ehrlich,
wird durch Blausäure gefährlich.
Ein paar Tropfen, bitte sehr,
für den Kuchen, und nicht mehr.
Süße Mandeln braucht der Gerd,
unser Honigkuchenpferd.

Sukkade

Nach dem Backen, unversehrt,
kriegt das Honigkuchenpferd
einen Schweif aus Schokolade,
grüne Augen aus Sukkade
und bekommt den Namen „Gerd".

Was der Zitronenbaum erzählt

Bin ein Rautengewächsbaum,
Blüten duften wie ein Traum.
Ursprünglich stamm ich Zitrone
aus 'ner sonnenreichen Zone,
durch die sich die Steppe zieht,
im asiatischen Gebiet.
Bei den Persern und Chinesen
bin ich auch sehr früh gewesen.
Lateinisch „Citrus Limonum"
und in arabisch kurz „laimun".
Die Griechen nannten mich „kitron".
In Rom sagt man „Citrus limon".
Heut steh ich Zitronenbaum
schon überall im Mittelmeerraum.
Kurzgestielt und spitz mein Blatt,
was gekerbte Ränder hat.
Weiße Blüten, die sich ändern,
werden rötlich an den Rändern.
Ist die Zitrusfrucht gesund,
wächst sie eiförmig bis rund.
Schale gelb, doch innen weiß,
ja, man liebt mich kalt und heiß.
Und im 15. Jahrhundert
wurd ich schon am Nil bewundert.

Vertreib Rheuma und Skorbut,
das wußte James Cook sehr gut.
Fühl mich wohl an Sommertagen,
kann auch leichten Frost vertragen.
Und in Ägypten König Fah,
nannte mich „Citrus medica“.
Und zum Anschauen, welche Wonne,
Duft und Farbe wie die Sonne.
Werd gereicht in heißem Tee,
Vitamine B + C.
Antiseptisch nebenbei,
wirke ich in der Arznei.
Früher glaubte man ganz fest,
ich wär ein Mittel gegen Pest.
Und als Hautöl zum Massieren
solltest du mich ausprobieren.
Schlechte Düfte werden vertrieben,
meine Schale wird gerieben
für den Kuchen, der wird lecker
und auch locker, sagt der Bäcker.
Früchte sind scharf säuerlich,
in der Küche schätzt man mich.
Nicht ausgereift, doch sehr gepflegt,
in Zuckerlösung eingelegt,
zu früh geerntet, doch nicht fade,
und leuchtend grün, heiß ich „Sukkade“.
Ja, Sukkade braucht der Gerd,
unser Honigkuchenpferd.

Frohe Weihnachten wünscht Gerd

Liebesperlen, Zuckerschaum,
bunte Federn wie ein Traum,
wiehert nun der liebe Gerd,
unser Honigkuchenpferd,
fröhlich unterm Weihnachtsbaum.

Studierte das Backbuch „Von Meisterhand“,
als ich das Rezept dieses Kuchenpferd's fand.
Ich las von Koriander, Muskatnuß, Anis,
was mir den Weg zum Gewürzgarten wies.
So schätzte ich nicht nur das Backwerk allein,
der Inhalt, er sollte viel wichtiger sein.
Ich verspürte den Duft ferner Inseln und schnürte
den Rucksack, bepackte mein Pferd, was mich führte,
durch die Welt der Gewürze, verwilderte Gärten,
wo die Menschen Gewürze wie Götter verehrten.
Ich entdeckte den Reichtum, bedroht von Gefahren,
und möchte den Zauber der Nachwelt bewahren.
So schrieb ich die Zeilen und hab mit der Frucht
der eigenen Erfahrung zu sagen versucht,
die Gewürze der Welt, das sind Kostbarkeiten,
die soll'n uns wie Freunde beim Backen begleiten.
Das Wunder der Backkunst, nur der kann's genießen,
der den Schlüssel aufspürt, wird das Rätsel erschließen.
Es sei mir erlaubt, noch hinzuzufügen,
möge uns allen die Zukunft am Herzen liegen,
und fröhlich stimmen beim Lebkuchenschmaus,
denn noch gibt's Gewürze in fast jedem Haus.
Ein gesegnetes Weihnachtsfest wünscht auch der Gerd,
das geheimnisumwitterte Lebkuchenpferd.